有光

—— 要有光！——

图书在版编目（CIP）数据

膨胀的艺术：灵感与创意必备源泉300词/煎蛋队长著. -- 北京：北京联合出版公司，2024.12.
（特别能装）. -- ISBN 978-7-5596-8117-1

I. H136

中国国家版本馆CIP数据核字第20240BC919号

膨胀的艺术：灵感与创意必备源泉300词

作　　者：煎蛋队长
出 品 人：赵红仕
出版监制：安　琪
特约策划：白毛毛
责任编辑：李　伟
封面设计：尧丽设计
内文排版：陆　靓

北京联合出版公司出版
（北京市西城区德外大街83号楼9层　100088）
北京启航东方印刷有限公司印刷　新华书店经销
字数150千字　110毫米×185毫米　1/32　10.5印张
2024年12月第1版　2024年12月第1次印刷
ISBN 978-7-5596-8117-1
定价：56.00元

版权所有，侵权必究
未经书面许可，不得以任何方式转载、复制、翻印本书部分或全部内容。
本书若有质量问题，请与本公司图书销售中心联系调换。电话：（010）64258472

目录

艺术风格的发展　　　　　　　　　　1

曹衣出水，吴带当风　　　　　　　2

颜筋柳骨　　　　　　　　　　　　3

颠张狂素　　　　　　　　　　　　3

荆关董巨　　　　　　　　　　　　4

黄徐异体　　　　　　　　　　　　4

院体派　　　　　　　　　　　　　5

米派　　　　　　　　　　　　　　5

文人画　　　　　　　　　　　　　6

南宋四家　　　　　　　　　　　　7

浙派　　　　　　　　　　　　　　8

南北宗论　　　　　　　　　　　　9

吴门画派　　　　　　　　　　　　10

南洪北孔　　　　　　　　　　　　11

四王画派　　　　　　　　　　　　12

新安画派　　　　　　　　　　　　13

清初四僧　　　　　　　　　　　　14

扬州八怪　　　　　　　　　　　　15

海上画派　　　　　　　　　　　　16

京津画派　　　　　　　　　　　　17

岭南画派	17
金陵画派	18
古典主义（Classicism）	19
哥特式艺术（Gothic Art）	20
矫饰主义（Mannerism）	21
学院派（Academism）	22
浮世绘（Ukiyoe）	23
巴洛克（Baroque）	24
洛可可（Rococo）	25
新古典主义（Neoclassicism）	26
浪漫主义（Romanticism）	26
现实主义（Realism）	27
维多利亚风格（Victorian Style）	28
拉斐尔前派（Pre-Raphaelite Brotherhood）	29
自然主义（Naturalism）	30
总体艺术（Gesamtkunstwerk）	31
工艺美术运动（Arts and Crafts Movement）	32
唯美主义（Aestheticism）	34
印象派（Impressionism）	35
点彩派（Pointillism）	35

芝加哥学派（Chicago School）	36
象征主义（Symbolism）	38
后印象派（Post-Impressionism）	39
新艺术运动（Art Nouveau）	40
格拉斯哥风格（Glasgow Style）	41
纳比派（Les Nabis）	42
现代主义（Modernism）	43
现代主义设计（Modernism Design）	44
维也纳分离派（Vienna Secession）	45
表现主义（Expressionism）	46
野兽派（Fauvism）	47
德意志制造同盟（Deutscher Werkbund）	48
立体主义（Cubism）	49
未来主义（Futurism）	51
动态艺术（Kinetic Art）	52
抽象艺术（Abstract Art）	53
形而上画派（Pittura Metafisica）	53
精确主义（Precisionism）	54
至上主义（Suprematism）	55
达达主义（Dadaism）	56

构成主义（Constructivism）	57
新造型主义（Neoplasticism）	58
包豪斯运动（Bauhaus）	59
超现实主义（Surrealism）	60
装饰艺术运动（Art Deco）	61
好莱坞风格（Hollywood Style）	62
流线型运动（Streamline Movement）	64
高科技风格（High-Tech Style）	65
国际主义风格（International Style）	66
黑色幽默（Black Humour）	67
抽象表现主义（Abstract Expressionism）	68
荒诞派戏剧（Absurd Theatre）	69
波普艺术（Pop Art）	70
极简主义（Minimalism）	71
观念艺术（Conceptual Art）	72
大地艺术（Land Art）	73
算法艺术（Algorithmic Art）	74
装置艺术（Installation Art）	75
欧普艺术（Optical Art）	76
解构主义（Deconstructivism）	78

照相写实主义（Photorealism）	78
后现代主义（Postmodernism）	80
孟菲斯设计小组（Memphis Group）	81
生物艺术（Bioart）	82
时基艺术（Time-Based Art）	83
镭射枪哥特式（Raygun Gothic）	83
赛博朋克（Cyberpunk）	84
赛博格（Cyborg）	86
暴力美学（Aestheticization of Violence）	87
蒸汽朋克（Steampunk）	88
虚拟现实艺术（Virtual Reality Art）	89
沉浸式艺术（Immersive Art）	90
合成器浪潮（Synthwave）	91
超扁平主义（Superflat）	91
故障艺术（Glitch Art）	92
新丑风（New Ugly）	93
蒸汽波（Vaporwave）	95
像素艺术（Pixel Art）	96
复古未来主义（Retrofuturism）	97
太阳朋克（Solarpunk）	98

原子朋克（Atompunk）	99
弥散风（Diffuse Style）	100
饱和色块风（Saturated Color Block Style）	100
视觉噪声（Visual Noise）	101
图形风格（Graphic Style）	102
C4D 风格（C4D Style）	103
奶油风格（Cream Style）	103
透明风格（Transparent Design）	104
玻璃拟态设计（Glassmorphism）	105
合成波风格（Synthwave Aesthetic）	106
荧光镭射风格（Fluorescent Laser Style）	107
多巴胺风格（Dopamine Style）	108

设计概念的繁荣   111

空气动力学设计（Aerodynamics Design）	112
仿生设计学（Bionics Design）	113
生物形态学（Biomorphism）	113
生物降解设计（Biodegradable Design）	115
有机设计（Organic Design）	116
可持续设计（Sustainable Design）	116

绿色设计（Green Design）	117
再生设计（Regenerative Design）	118
生态设计（Eco-Design）	120
生态危机设计（Ecological Crisis Design）	121
韧性设计（Resilient Design）	121
海洋环保设计（Marine Environmental Design）	122
危机设计（Crisis Design）	123
社会设计（Social Design）	124
信息设计（Information Design）	125
参数化设计（Parametric Design）	126
非物质设计（Immaterial Design）	127
无意识设计（Without Thought Design）	128
体验设计（Experience Design）	129
人性化设计（Human-Centered Design）	130
交互设计（Interaction Design）	131
用户界面设计（UI Design）	131
数智设计（Data-Driven Intelligent Design）	132
生成式设计（Generative Design）	133
模块化设计（Modular Design）	135
通用设计（Universal Design）	136

情感化设计（Emotional Design）	137
感觉设计（Sensory Design）	138
服务设计（Service Design）	139
老龄化设计（Age-Responsive Design）	140
无障碍设计（Accessible Design）	141
参与式设计（Participatory Design）	142
激进设计（Radical Design）	143
积极设计（Positive Design）	144
批判性设计（Critical Design）	145
思辨设计（Speculative Design）	146
从摇篮到摇篮（Cradle-to-Cradle）	148
有机现代主义设计（Organic Modernism Design）	149
为金字塔底端设计（Design for Bottom of the Pyramid）	150
生态现代化（Ecological Modernization）	152
空间句法（Space Syntax）	153
站城一体化（Transit-Oriented Development）	154
城市消极空间（Urban Negative Spaces）	155
城市双修（Double Urban Repairs）	156
第三空间（Third Place）	157

智慧社区（Smart Community）	158
收缩型城市（Shrinking City）	159
海绵城市（Sponge City）	160
丰裕社会（Affluent Society）	161
响应式设计（Responsive Design）	162

专有名词的确立　　163

有计划废止（Planned Obsolescence）	164
永久设计（Permanent Design）	164
设计伦理（Design Ethics）	165
设计批评（Design Criticism）	166
设计心理学（Design Psychology）	167
美学（Aesthetics）	168
美学三要素（Three Elements of Aesthetics）	170
美学可用性效应（Aesthetics Usability Effect）	171
工业美学（Industrial Aesthetics）	172
科技美学（Technology Aesthetics）	174
技术美学（Technological Aesthetics）	175
机器美学（Machine Aesthetics）	176
发生学美学（Genetic Aesthetics）	177

关系美学（Relational Aesthetics）	178
比较美学（Comparative Aesthetics）	179
现象学美学（Phenomenological Aesthetics）	181
共同体美学（Communitarian Aesthetics）	182
接受美学（Reception Aesthetics）	183
非视觉美学（Non-Visual Aesthetics）	184
速度美学（Speed Aesthetics）	185
瞬间美学（Instant Aesthetics）	186
实时艺术（Real-Time Art）	187
动态美学（Dynamic Aesthetics）	188
动能美学（Kinetic Aesthetics）	189
过程美学（Process Aesthetics）	190
形式主义（Formalism）	191
美感（Aesthetic Feeling）	192
美育（Aesthetic Education）	193
审美形态（Aesthetic Form）	195
美与数（Aesthetics and Mathematics）	196
审美自觉性（Aesthetic Consciousness）	197
审美非自觉性（Aesthetic Unconsciousness）	198
美学规范观念（Conception of Aesthetic Norms）	200

审美游戏（Aesthetic Play）	201
美感阶级性（Aesthetic Class Nature）	202
独创性（Originality）	203
整体性（Unity）	205
典型化（Typification）	206
概括化（Generalization）	207
抽象化（Abstraction）	208
具象化（Concretization）	209
陌生化（Defamiliarization）	210
抽象美（Abstract Beauty）	212
形式美（Form Beauty）	213
原真性（Authenticity）	214
第四堵墙（Fourth Wall）	216
灵韵（Aura）	217
反艺术（Anti-Art）	218
意识流（Stream of Consciousness）	219
自动写作（Automatic Writing）	220
元小说（Metafiction）	221
超文本（Hypertext）	222
蒙太奇（Montage）	223

怪核（Weirdcore）	225
梦核（Dreamcore）	226
机械复制（Mechanical Reproduction）	227
神经元艺术（Neuron Art）	228
数据雕塑（Data Sculpture）	229
等距设计（Isometric Design）	230
主导动机（Leading Motive）	231
片段化构图（Fragmented Composition）	233
魔法圈（Magic Circle）	234
波希米亚风格（Bohemian Style）	235
波尔卡圆点（Polka Dots）	236
超感官知觉（Extrasensory Perception）	237
嗅觉标识（Olfactory Branding）	238
动态雕塑（Kinetic Sculpture）	240
声音景观（Soundscape）	241
未来考古学（Future Archaeology）	242
艺术治疗（Art Therapy）	243
艺术的终结（End of Art）	244
混合媒材绘画（Mixed Media Painting）	245
分形几何与艺术（Fractal Geometry and Art）	246

规模谬误（Fallacy of Scaling） 247

自相似性（Self-Similarity） 248

机器人艺术（Robot Art） 250

膜拜价值（Cult Value） 251

后网络艺术（Post-Internet Art） 252

演化艺术（Evolutionary Art） 253

数据行为艺术（Data Performance Art） 254

视觉深度（Visual Depth） 255

交互影像艺术（Interactive Video Art） 256

远程遥在艺术（Telematic Art） 257

分布式艺术（Distributed Art） 258

交互装置（Interactive Installation） 259

碎片化和非线性艺术（Fragmented and Nonlinear Art）

260

路缘坡效应（Curb-cut Effect） 261

间离效果（Distancing Effect） 263

移情说（Empathy Theory） 264

有意味的形式（Significant Form） 265

影响的焦虑（Anxiety of Influence） 266

视觉融合（Visual Fusion） 267

海德格尔美学（Heideggerian Aesthetics）	268
最平衡脸型（The Most Balanced Facial Profile）	269
斐波那契数列（Fibonacci Sequence）	269
可见性（Visibility）	271
一致性（Consistency）	272
三视图（Three-View Drawing）	273
红绿蓝（RGB）	274
青、洋红、黄、黑（CMYK）	275
色域（Color Gamut）	276
深度（Depth）	277
对比（Contrast）	278
平衡感（Balance）	280
饱和度（Saturation）	281
撞色（Color Blocking）	282
孟塞尔色彩系统（Munsell Color System）	283
设计系统（Design System）	285
视觉识别系统（Visual Identity System）	286
比例关系（Proportion）	287
层次感（Layering）	289
节奏感（Rhythmic Sense）	290

协调（Coordination）	291
空间感（Space Perception）	292
深描（Deep Description）	293
分色法（Color Separation）	294
超以象外，得其环中	295
米点皴	296
大斧劈皴	298
笔锋	299
风格（Style）	301
形式（Form）	302
内容（Content）	303
通感（Synaesthesia）	304
解构（Deconstruction）	305
低保真（Lo-Fi）	306
微交互（Microinteractions）	307
触觉反馈（Haptic Feedback）	308
零界面（Zero UI）	309
三一律（Three Unities）	310
尼尔森十大可用性原则（Nielsen's Ten Usability Heuristics）	311

拓扑优化（Topology Optimization） 313

服务蓝图（Service Blueprint） 314

移动优先（Mobile First） 315

艺术风格的发展

曹衣出水，吴带当风

曹衣出水，吴带当风是中国艺术史中的两个著名术语，指的是北齐的曹仲达和唐代的吴道子开创的两种衣纹描绘风格。

曹衣出水：形容画中人仿佛穿着很薄的衣服从水中出来，衣服紧贴着身体，每一道褶皱都清晰可见，显得既真实又优雅。曹仲达所画人物，衣物褶皱细密紧致，线条流畅且富有立体感，展现出一种独特的异域风情和内在的力量感。这种风格也被称为"曹家样"，对后世的宗教画产生了深远的影响。

吴带当风：形容画中人仿佛站在风中，衣服和裙带轻轻飘扬，看起来轻松又自由。吴道子画作中人物的衣带线条圆润流畅，动感十足，给人一种超凡脱俗、灵动飞扬的艺术感受。这种风格展现了唐代绘画的宏大气象和艺术家本人对于气韵生动的追求，对后世人物画的发展影响巨大。

「延伸：国家博物馆曾展出一系列中国古代的人物画，画中人惟妙惟肖，服饰曹衣出水，吴带当风，是艺术价值最高且最受推崇的展览之一。」

颜筋柳骨

颜筋柳骨这一成语用来形容中国古代两位杰出书法家颜真卿和柳公权的书法风格。颜真卿的书法以其雄浑厚实、笔画饱满如筋般强韧著称，故得"颜筋"之美誉；而柳公权的书法结构严谨、笔力刚劲，犹如骨骼般挺拔有力，因而有"柳骨"之说。这四个字不仅体现了两位大师书法艺术的独特魅力，也成为评价书法作品具有力度与美感的代名词。此成语出自宋代范仲淹的《祭石学士文》："曼卿之笔，颜筋柳骨。"它不仅赞扬了石学士书法的高超技艺，同时彰显了颜柳二人书法对后世的巨大影响。

颠张狂素

颠张狂素是指唐代两位非常有名且风格独特的书法家张旭和怀素。张旭的草书字形奇特，线条流畅，变化多端，既自由又充满视觉冲击力，所以大家都称他为"草圣"。而怀素的草书则给人一种疯狂的感觉，他写的字更加夸张和变形，线条更加粗犷和有力，充满生命力和激情。因为他们的字都写得特别狂放，所以被称为"颠张狂素"。

荆关董巨

荆关董巨是指五代十国时期的四位著名画家：荆浩、关仝、董源和巨然。他们的画风在唐朝之后发生了明显的变化，成为"唐风"至"宋格"的一大桥梁。

荆浩和关仝是北方山水画派的杰出代表，他们的画作以雄伟浑厚、气势磅礴见长，展现了北方山水的壮丽景色；而董源和巨然则代表了江南山水画派，他们的画作以平淡天真、笔墨秀润为特点，擅长表现江南景色的宁静与秀美。特别是董源，他运用披麻皴和点苔法，传神地描绘出江南一带的自然面貌，对后世的山水画发展产生了深远的影响。

黄徐异体

黄徐异体是指五代时期两位著名花鸟画家黄筌和徐熙的不同画风。黄筌的画风工整艳丽，多画宫中珍禽异兽，被称为"黄家富贵"；而徐熙则擅长表现山野风物，画风潇洒自如，富有生动之意，被誉为"徐熙野逸"。"黄徐异体"实际上是指这两种截然不同的艺术风格和表现手法。黄筌代表的是宫廷画派的华丽与精致，而徐熙则代表了民间画派的自然与朴素。"黄徐异体"在花鸟画领域占有重要地位，对后世工笔花鸟和写意花鸟产生了极其重要的影响。黄筌的画法成为后来工笔重彩花鸟画的基础，而徐熙则成为水墨写意花鸟画的先驱。

院体派

院体派是中国古代绘画中非常特别的一个流派，主要指的是那些专门为宫廷创作的画家的作品风格。这些画家生活在皇宫里，专门为皇帝和贵族们画画，所以他们的作品往往带有一种高贵、典雅的气质。

院体派的作品主题很广泛，有山水、花鸟、人物等，都非常精致。画家们运用各种巧妙的技法和丰富的色彩，让画面看起来既和谐又生动。他们的画不仅让人有美的享受，还能反映出当时的社会文化和审美观念。

初期由于院体派服务于皇室，作品通常遵循一定范式，其题材往往受到限制，更多涉及宫廷生活、历史故事、吉祥寓意等内容，使得作品之间具有较高的相似度。后期一些院体画家开始尝试创新，明代浙派的兴起就体现了院体画在保持传统的同时，也开始注重个性化的探索。

米派

米派是中国宋代著名的山水画流派之一，由书法家、画家米芾及其子米友仁共同创立并发展。

米派的作品，就像是山水画界的"印象派"，其最大特点是运用水墨渲染的手法来表现云烟缭绕、朦胧迷离的山水景致，创造出一种诗意盎然、意境悠远的艺术效果。这种方法被称为"落茄法"或"米点皴"，通过密集而富有变化的墨点来描绘山石、树木和云雾，使得画面既有厚重的质感，又不失空灵感。

米派的代表作品多以山水为主题，如米芾的《仙居山水图》、米友仁的《云山墨戏图》等，通过独特的技法展现了中国山水画的审美情趣和哲学意蕴，体现了画家与自然和谐共融的艺术追求。

「延伸：米芾对奇石有着浓厚的兴趣，甚至到了痴迷的程度。据说他曾收藏了许多形态各异的石头，并为之题名，将其视为朋友。」

文人画

文人画，简单来说，就是古代有文化、有思想的文人墨客画的画。他们不仅写诗作赋，还拿起画笔，创作山水、花鸟、梅兰竹菊等自然景物画，抒发内心的情感和抱负。

这些文人画家不满足于仅仅画出物体的外形，更是通过笔墨的浓淡、干湿、快慢，传达出自己对生活的感悟和对自然的敬畏。他们的画中，常常藏着诗，诗里又有画的影子。这些作品既赏心悦目，又能引发深思。

文人画追求的是意境和品格，就像一个人追求内心的纯净和高尚。它不刻意追求形似，但每一笔、每一画都充满情感和韵味。这些画就像一个个小故事，诉说着文人们的喜怒哀乐和他们对生活的态度，也让我们看到了古代文人的精神世界和审美追求。其代表有王维、苏轼、米芾、黄公望、沈周等。

当代文人画的代表画家有陈绶祥、朱新建、梅墨生、黄锦祥、陈传席、袁振西等。他们的作品在继承传统文人画的基础上，又融入了现代元素和个人风格，使得文人画在当代社会中焕发出新的生机与活力。

南宋四家

南宋四家通常指的是中国绘画史上南宋时期四位重要的画家，他们以山水画见长，并在艺术风格上各有特色。这四位画家分别是李唐、刘松年、马远和夏圭。

李唐（约1066—1150年）：早年活动于北宋末期，后迁居临安（今杭州）。他的画风雄健浑厚，擅长运用斧劈皴法，代表作有《万壑松风图》。

刘松年（约1131—1218年）：南宋初期的重要画家之一，擅长精细的工笔画，作品多表现宫廷生活场景，如《四景山水图》。

马远（约1140—1225年）：以"马一角"著称，即善于通过局部来表现整体，创造出独特的空间感，代表作有《踏歌图》等。

夏圭（生卒年不详，活跃于12世纪末至13世纪初）：画风简练豪放，被称为"夏半边"，即他常常只描绘半边景色，留给观者想象的空间，代表作有《溪山清远图》。

这四位大师，各怀绝技，合在一起，便是南宋山水画的黄金阵容。

「延伸：南宋四家的作品在艺术上达到了很高的成就，但部分创作可能因为过分追求形式美而缺乏深度的情感表达。」

浙派

浙派是中国绘画史上的一个重要流派，特别是在明代初期极为显赫，几乎成为当时画坛的主流。它源于浙江地区，因此得名。浙派的艺术家们深受南宋院体画风的影响，尤其是李唐、刘松年、马远、夏圭等人的画风，这些前代大师对山水画的创新和独特表现手法,为浙派的形成奠定了基础。

浙派的代表画家有戴进和吴伟等人,他们继承并发展了南宋院体派的技法,尤其擅长山水画,作品往往气势雄浑,用笔刚健有力,构图上追求奇险,墨色对比鲜明,展现了江南山水的独特风貌。浙派画家在表现技法上强调笔墨的运用和个人风格的突出,对后世影响深远。

然而,随着时代变迁,特别是文人画的兴起,浙派的地位逐渐被吴门画派等新兴流派所取代,但其在美术史上留下的独特艺术成就和风格至今仍受到研究和推崇。

南北宗论

南北宗论是由明代著名画家、美术鉴赏家和理论家董其昌(1555—1636年)提出的一种关于中国山水画发展的理论。这一理论将山水画的发展历程分为两个主要流派——南宗与北宗,以此来探讨不同绘画风格的特点及演变。

北宗,就像是武林中的"少林派",讲究的是硬桥硬马,色彩斑斓,李思训父子就是这派的掌门,他们画的山水，就像是给山川穿上了华丽的青绿色盔甲，威风凛凛。北宗的代表人物除了唐代的李思训父子，还有宋代的赵伯驹等。

而南宗好比是"武当派"，追求的是以柔克刚，水墨渲染，王维是这派的开山鼻祖。南宗的画风，就像是高手轻描淡写的一掌，水墨在纸上缓缓晕开，透出一股超凡脱俗的文人气质。代表人物还包括唐代的张璪，五代的荆浩、关仝、董源、巨然，宋代的米芾、米友仁以及元代的黄公望、倪瓒、吴镇、王蒙等。

南北宗论是明代画家董其昌在《画旨》一书中提出的理论，他以此对中国古代山水画派进行了分类。该理论崇南贬北，强调文人画的笔墨情趣和意境表达，对后世的绘画创作和理论建构产生深远影响。然而，南北宗论也存在自相矛盾之处，需结合具体历史背景和艺术实践进行深入探讨。

吴门画派

吴门画派是中国明代中期的绘画流派，因苏州为古吴都城，有吴门之谓，且其主要代表人物如沈周、文徵明、唐寅、仇英等均为吴郡（今苏州）人，故而得名。

沈周作为吴门画派的创始人，以山水画和花鸟画闻名，作品融合了写实与诗意，展现出细腻自然的风格，奠定了吴门画派的基础。文徵明擅长山水画，画作追求自然意境与诗情画意，笔触清新自然，富有诗意，进一步丰富了吴门画派的艺术内涵。唐寅（唐伯虎）则以花鸟画著称，他的画风细腻逼真，生动传神，捕捉物象的形态与神韵，展现了高超的艺术表现力。仇英、张宏同样是吴门画派的重要成员，他们的作品也各有特色。吴门画派淡泊自然，恬静典雅，笔法挺劲秀润，墨色酣畅柔和。该派继承发展元代文人画的传统，强调情感与自然融合，追求意境美，重视文学与绘画结合，作品兼具文人情怀与精湛艺术。其兴起背景包括：明代中期的政治专制促使士大夫转向文化艺术寻求精神慰藉，以及苏州地区对文化传统的支持促使画派形成发展。艺术家通过作品表达追求自然美与理想生活的愿景。

南洪北孔

南洪北孔是指中国清代两位杰出的戏曲作家——洪昇和孔尚任。这一说法概括了当时戏曲界两位巨匠的地域分布及其重要贡献。

洪昇（1645—1704年），字昉思，号稗畦，是南方杭州人，因而得名"南洪"。其代表作《长生殿》历经十年，三易其稿，于康熙二十七年（1688年）问世，这是一部以唐代杨贵妃和唐明皇的爱情故事为主线的历史剧，该剧结构严谨，词曲优美，深刻反映了历史与人性的复杂，是中国古代戏曲的经典之作。孔尚任（1648—1718年），字聘之，又字季重，号东塘，别号岸堂，是山东曲阜人，孔子第六十四代孙，因此被称作"北孔"。他的代表作《桃花扇》以复社文人侯方域和秦淮歌妓李香君的爱情故事为线索，穿插着明末清初的政治变迁，展现了南明小朝廷的兴亡，以及文人士大夫的气节与悲哀，是中国古典戏剧中反映现实的杰作。

南洪北孔不仅代表了两人在地域上的南北对应，也象征着他们在清代戏曲创作上的双峰并峙，对后世戏曲发展影响深远。

四王画派

四王画派是指中国清代初期四位著名的山水画家，他们是王时敏、王鉴、王翚、王原祁。这四位画家因其艺术成就和对后世的巨大影响，被视为清初正统派绘画的代表人物。

王时敏（1592—1680年），字逊之，号烟客，晚号西庐老人，江苏太仓人。王时敏深得董其昌赏识，他的画风工整细腻，注重传统技法的继承，尤其推崇元代黄公望的画风。

王鉴（1598—1677年），字玄照，号湘碧，江苏太仓人。他与王时敏关系密切，画风同样受董其昌影响，擅长临摹古画，笔墨苍润，构图严谨。

王翚（1632—1717年），字石谷，号耕烟散人、剑门樵客等，江苏常熟人。王翚技艺全面，融合南北画风，被誉为"清初画圣"，对后世影响深远。

王原祁（1642—1715年），字茂京，号麓台、石师道人，是王时敏的孙子，江苏太仓人。他在绘画理论上有所建树，创立了"娄东画派"，强调笔墨的韵致和画面的气势，对清代中期的画坛影响极大。

四王画派的共同特点是注重传统，画法严谨，追求古意，讲究笔墨韵味，倾向于模仿古代大师的风格，尤其是黄公望的恬淡平和之美。他们的作品往往表现出一种文人画的高雅情操，强调书画同源，对后世的山水画发展有着不可忽视的作用，几乎主导了整个清代画坛的审美走向。

新安画派

想要了解明末文人的思想，那必然要去翻阅新安画派画作。新安画派的艺术家们擅长运用水墨，将故土山水入画，抒发内在的文人情怀，追求画如其人，人品与画格并重，呈现出清淡幽远、飘逸雅致的艺术风貌。明亡清兴的历史转折，令诸多文人士大夫避世隐逸，这份心境投射到画布，化作淡泊宁静又不失坚毅冷峻的画面，反映出时代的沧桑与个人的气节。

这些画家多来自显赫世家，作为明代遗民，他们的画不仅表现自然之美，更是对时代变迁的社会心理写照，满溢着空旷、清寒、野逸和萧条的美学情绪。领军人物弘仁，其艺术如同他拒绝仕清的决绝，画风峻峭有力，透着铮铮铁骨，代表作《黄海松石图》以精练的笔触展现了新安画派的神韵：于简约中见雄浑，淡雅中藏坚韧。

新安画派的兴起与徽商的兴盛有直接关系。富甲天下的徽商不仅为徽州文化艺术的发展奠定了坚实的经济基础，其"贾而好儒""风雅收藏"的特点也为新安画派的发展提供了肥沃的社会土壤。新安画派的画家们在继承传统的基础上，不断开拓创新，形成了独特的艺术风格和技法，对后世产生了深远的影响。

清初四僧

清初四僧是指四位活跃于明末清初的中国画家，他们是石涛（原济）、朱耷（八大山人）、髡残（石溪）和弘仁（渐江）。这四位艺术家不仅是僧侣，也是卓越的画家，他们在绘画史上以其独特的艺术风格和深厚的文化底蕴留下了深远的影响。

石涛（1642—约1707年），明室遗脉，靖江王朱亨嘉之子。其艺多变，主张"搜奇峰，绘草稿"，笔墨跃然纸上，极富个性，对后辈启迪深远。

朱耷（1626—约1705年），原为明朝宗室，明亡后出家为僧，他的画风独特，以简约、冷逸著称，常用象征手法表达对故国的怀念和对现实的不满。朱耷笔下的鱼、鸟等常常以白眼示人，透露出孤傲不群的性格。

髡残（约1612—1692年），明末清初画家，本姓刘，出家为僧后改名为髡残。受王蒙熏陶，其山水沉雄，诗意盎然，画中有深邃情感与哲理交织的宁静世界。

弘仁（1610—1664年），新安画派领航者。渐江之笔，黄山之影，清冷简洁，线条洗练，色彩淡远，映照出遗世独立之清高与自然和谐之悟性。

扬州八怪

"扬州八怪"是指活跃于清代中期扬州地区的一批具有革新精神的书画家群体。尽管名字中有"八怪"，但实际上它并不是指特定的八个人,而是一群追求个性化艺术表达的画家的总称。

这一名称最早出现在清代文献中,其主要特点在于反对当时画坛的保守主义,追求个性化的艺术表达。他们强调个性解放,倡导艺术创新,作品往往展现出一种反叛的精神。其中最著名的代表人物包括郑燮(郑板桥)、高翔、罗聘、汪士慎、黄慎、李鱓、李方膺以及金农等。但由于过分强调个性和创新,有时他们的作品可能缺乏传统技法的严谨和深度。一些作品可能过于抽象或难以理解,不易被大众接受。

海上画派

海上画派是19世纪中叶至20世纪初在上海这片繁华之地绽放的艺术之花。西风东渐,新旧交融,这样的环境孕育出一个特立独行的画家群体。

这些画家不仅继承了中国传统国画的精髓,还受到了中世纪绘画、海洋绘画、印象派绘画等多种艺术流派的影响,形成了其独特的艺术风格。如果说传统的国画像是深山里的幽兰,那么海上画派的作品就像是外滩边璀璨的霓虹,既有古典的韵味,又不失时尚的气息。代表人物如虚谷、任伯年、吴昌硕、蒲华等,他们笔下无论是山水花鸟还是人物，都透着一股鲜活的生活气息和时代的脉动。海上画派的画家在构图方面非常注重创新，他们通过运用色彩、透视、线条等手段，创造出更为生动和真实的画面感。

京津画派

京津画派是中国近现代画坛流派之一，形成于民国时期，以金城、陈师曾为领袖和旗帜，强调继承古法，以中国画学研究会为核心，其特点为创作自由，博采众长。其主要团体包括中国画学研究会、宣南画社、湖社画会和松风画会。画家们既重视北派传统，又关注南宗写意，影响力不仅限于国内，还广受国际美术界瞩目。其形成与清末民初的社会背景、文化环境及画家的艺术追求密切相关，是京津地区国粹文化继承与发展的产物，在中国绘画史上具有重要地位。

岭南画派

岭南画派是一个在中国画坛上独树一帜的流派，它不仅仅绘就了岭南之地的温润风景，更是站在艺术创新前沿的一道风景线。该画派起源于中国南方的岭南地区，由"二高一陈"——高剑父、高奇峰、陈树人三位大师创立并发扬光大，他们以其独特的艺术理念和技法，引领了一场中国画的革新运动。

岭南画派主张创新，融合岭南自然风光与社会生活入画，引入西方写实技巧，展现时代感和真实感。博采众长，结合中西画法，创造独特艺术语言。在技术上大胆尝试新技法，用"没骨法"取代传统的勾勒法，开创"撞水撞粉"技法，这些都让画面更显生动与自然。作品多描绘岭南自然景观与人文风情，展现地域文化特征。艺术家们具有现代意识，作品追求美的同时反映社会现实，体现社会责任和时代精神。

金陵画派

金陵画派听起来就像是一幅古色古香的卷轴缓缓展开，带着六朝古都南京的悠悠古韵。它是活跃在明末清初的艺术流派，以龚贤为首，还包括樊圻、蔡泽、高岑、邹喆、吴宏、叶欣、谢荪、胡慥、陈卓等画家。作品多表现江南山水，风格雄伟秀丽，具有地域特色。

在金陵画派中，龚贤的成就最为突出。他的作品以深厚的传统功力为基础，融会了江南水乡的秀美与壮丽，展现出一种独特的艺术魅力。他的山水画作品，笔墨淋漓，气韵生动，给人以美的享受和心灵的震撼。此外，陈卓也是金陵画派中重要的画家之一，他的画作兼具唐宋青绿山水的特色和人物、花卉的画法，风格娟秀妍丽，清隽高雅。如果说老金陵画派是古典美的传承，那么新金陵画派则是传统与现代的华丽碰撞。20世纪中叶，以傅抱石、钱松嵒等人为代表的新金陵画家，不仅继承了前人的水墨精髓，更融入了新的时代气息和西方绘画的影响，让金陵画派在新中国美术史上留下了浓墨重彩的一笔。

古典主义（Classicism）

古典主义是西方艺术史上一个重要的流派，起源于文艺复兴时期的意大利，17世纪在法国得到进一步发展。这一风格的核心理念是对古希腊罗马艺术传统的回归和崇拜，强调理性、秩序、和谐以及对理想美的追求。

古典主义绘画强调对自然的准确观察和再现，追求完美的形式与比例，以及清晰明确的构图。艺术家们通常选择历史题材或者神话故事作为主题，通过严谨的技法展现英雄主义的情操和崇高的道德理想。古典主义绘画重视线条的表现力，倾向于使用冷静的色调和柔和的光影效果来营造庄严和谐的画面氛围。这种风格从文艺复兴时期开始，在17世纪的法国确立，18世纪后期至

19世纪初的新古典主义运动再次强调了古典原则,并在欧洲各地传播开来。古典主义绘画的代表人物包括尼古拉·普桑,他是古典主义绘画的奠基人之一;雅克-路易·大卫,18世纪末至19世纪初的新古典主义大师,以历史画著称;安托万·让·格罗和让·奥古斯特·多米尼克·安格尔,法国新古典主义画家。

古典主义艺术扎根于西方传统,它深刻影响创作过程、目的及趋势,使作品展现真实、生动、明晰等审美特点。古典艺术在绘画、雕塑、建筑等领域表现卓越,涌现出很多杰出的艺术家和作品,作品具有极高的艺术价值,是西方文明和文化的重要载体,对后世影响深远。

哥特式艺术(Gothic Art)

"哥特式"一词最早是"野蛮"的同义语,拉斐尔在其给教皇利奥十世的信中首先用到"哥特式"一词,借以贬低中欧及北欧的建筑样式。此后16世纪的意大利艺术评论家乔尔乔·瓦萨里把介于欧洲古代与文艺复兴之间的所有艺术都贬称为"哥特人的创作"。事实上,哥特式艺术与哥特人并无联系。

哥特式最早用来形容带有尖券与尖拱、飞扶壁与飞拱、高耸的尖塔和钟楼、大面积的彩色玻璃窗,以及束柱和骨架券结构的建筑。这种风格起源于公元 12 世纪的法国北部,而后在整个西欧和其他地区传播开来,并在 14 世纪末和 15 世纪初达到巅峰,形成了国际哥特式风格。随着时间的推移,哥特式风格获得了更高的评价和审美认可,并拓展到绘画、雕塑。哥特式作品擅长生动逼真的形象表达及情感、精神内涵的呈现;强叙事性的《圣经》故事在教堂内作为教化元素出现;注重线条流畅与动态美感,人体比例修长雅致。

哥特式风格同时孕育了以恐怖、超自然元素和阴森氛围为核心,展现深刻情感与道德矛盾的哥特小说流派,霍勒斯·沃波尔的《奥特朗托城堡》被视为此类小说开山之作。哥特式风格广泛渗透至音乐(如哥特摇滚)、时尚、电影和视觉艺术等领域。当代文化中,哥特式与黑暗美学、浪漫主义、死亡主题及非主流文化紧密相连,这是对哥特风格的后期再创造和延伸解读。

矫饰主义(Mannerism)

矫饰主义是一种复杂的艺术风格,主要出现在文艺复兴晚期,在 16 世纪的意大利开始发展,并影响了整个欧洲的艺术创作。矫饰主义的艺术特征在于刻意偏离文艺复兴时期的和谐与平衡,追求复杂性和非自然的表现手法。

矫饰主义的作品都注重人体描绘，但比例怪异夸张；透视复杂构图违背常理；色彩大胆个性化；主题复杂晦涩。一些著名的矫饰主义艺术家包括朱利奥·罗马诺、蓬托莫和詹博洛尼亚等，他们的作品展示了矫饰主义独特的美学特征。后来某些评论家认为矫饰主义作品过分雕琢、矫揉造作，不过在现代艺术史学界，矫饰主义也被重新审视并被给予了应有的地位，被视为艺术发展中的一个重要转折点和风格上的创新尝试。

矫饰主义的兴起是对文艺复兴盛期理想化、和谐、理性和自然主义标准的一种偏离与挑战，它是一种更为复杂、个人化以及刻意追求新颖奇特的艺术表达方式。

学院派（Academism）

在生活中大家应该听说过中央美术学院、中国美术学院，那是否好奇世界上第一所美术学院是哪所呢？约1590年，卡拉奇三兄弟在意大利创办了博洛尼亚学院（Bolognese School），随后圣路加学院（Accademia di San Luca）在罗马成立。这些学院为艺术家提供了系统学习和训练的场所，促进了学院派艺术的形成。到了17世纪，这种艺术形式开始在欧洲各国官办美术学院中广泛流行。

学院派艺术以严格的美术教育为核心,强调基础技能训练,崇尚古典艺术规范(如古希腊罗马和文艺复兴传统),追求理想化美学、平衡构图与理性表现,常见历史神话主题且避免过多主观情感和创新实验。19世纪时,学院派在欧洲尤其是法国占据主导地位,巴黎美术学院将其奉为典范。然而,随着现代艺术运动的到来,学院派因其保守与排斥创新遭到批评,并被视为限制创意自由的一种体系。例如,在印象画派出现时,学院派艺术将其贬抑地称为"印象派"。尽管如此,学院派艺术在美术史上的巨大贡献是绝对值得赞扬的。

浮世绘(Ukiyoe）

浮世绘源自佛教术语"浮世",原意指转瞬即逝的现世生活,暗含人生短暂、世事无常之意。在其诞生的日本江户时代(1603—1868年),由于经济的增长,城市里首先产生一种"町人文化"(即市民文化),"浮世"也逐渐演变为享受生活、追逐时尚的意思。

受中国仕女画影响,大量艺术家投入到浮世绘的题材创作,包括风景、美人、历史和民间传说、动植物等,其中不乏情色内容。历史上出现了众多杰出的浮世绘艺术家，其中菱川师宣被认为是浮世绘的创始人，而铃木春信、鸟居清长、喜多川歌麿、东洲斋写乐、葛饰北斋以及歌川广重被誉为"六大浮世绘师"。浮世绘在19世纪传播到西方，诸如凡·高、莫奈、马奈等艺术家都曾受到浮世绘的启发，将浮世绘的平面装饰性、鲜明色彩和大胆构图融入自己的作品中。

巴洛克（Baroque）

如果你在17世纪评价别人的画作是"不规则的珍珠"，画家本人应该会不高兴。而这个葡萄牙语"Barroco"，正是巴洛克，其最初带有贬义，用来批评那些不按古典规范创作的艺术作品。巴洛克是在整个17世纪至18世纪中叶盛行于欧洲的艺术风格，尤其在天主教势力强大的地区得到广泛应用和推广。

巴洛克艺术以其富丽堂皇、繁复精细、富有戏剧性和情感张力的特点著称，其影响力超越了绘画、雕塑和建筑，还渗透到了音乐、文学、戏剧和装饰艺术等多个领域。巴洛克艺术源于意大利，特别是在罗马，它起初与天主教会发起的反宗教改革运动密切相关，意图通过壮观且富有感染力的艺术来重新吸引信徒并增强天主教会的权威和荣耀。这一时期的艺术家如卡拉瓦乔、贝尼尼和博罗米尼等人，通过创新的光影处理、动态构图和情感表达，为巴洛克艺术奠定了基石。

洛可可（Rococo）

洛可可艺术风格是 18 世纪欧洲，特别是法国的主要艺术流派，起源于 1715 年至 1774 年左右的路易十五统治时期，并在随后的几十年间逐渐传播到其他欧洲国家。洛可可风格可以看作是对巴洛克晚期风格的一种演变和软化，它体现了当时社会风尚的转变，反映了贵族阶层追求享乐、私密、个人情感表达以及生活细节上的优雅与精致。

洛可可风格强调自然界的蜿蜒曲线，抛弃巴洛克式对称，常用 S 形、贝壳等元素装饰；注重细节装饰，选用金色和粉彩色调，材质奢华，极具工艺美感；题材偏好描绘日常生活、爱情故事及田园风物，而非严肃历史或宗教主题；色彩明亮且温和，侧重使用淡雅粉嫩色调；装饰于小型私人空间、天花板等。洛可可风格在 18 世纪末开始被新古典主义所取代，后者倡导回归古代希腊罗马的简洁、庄重与秩序，因此洛可可风格被认为过于轻浮和琐碎。然而，在现代艺术设计中，洛可可风格的一些元素仍然被视为经典和时尚的象征，不断被重新诠释和借鉴。

新古典主义（Neoclassicism）

时尚界复古翻新的风潮并不是现代人的发明，新古典主义就是 17 世纪的复古运动。它起源于对巴洛克和洛可可艺术繁复装饰的反思。庞贝城的发掘以及德国学者温克尔曼美学思想的传播引起了人们对古典主义的兴趣，古典主义重新复兴。

新古典主义设计强调理性、秩序与和谐，回归古典美学，反对过度装饰。建筑上突出几何造型、精准比例与对称，运用古典元素，剔除非功能性装饰。艺术表现追求清晰线条、简化形式与冷峻色彩，偏爱宏大历史题材，体现英雄主义与道德理想。结构设计讲求逻辑与功能，体现"形式服从功能"的原则。代表性建筑如巴黎凯旋门、先贤祠和白金汉宫，体现了新古典主义对融会古典精髓与现代简约美学的不懈追求。

浪漫主义（Romanticism）

"浪漫主义"这一术语来源于南欧地区古罗马省份所使用的语言和文学，这些语言经过长时间的演变和发展，与其他方言融合形成了后来的罗曼语系。在 11 至 12 世纪期间，罗曼语系记载了许多中世纪骑士的传奇故事，其中蕴含英勇、忠诚和奇幻元素，这些故事被统称为"Romance"。到 18 世纪末至 19 世纪初,法国经历了大革命与拿破仑帝国时期,新资产阶级崛起并追求个性解放与情感自由,形成反抗封建、挑战古典主义美学的社会潮流。为迎合这一需求,浪漫主义文艺思潮应运而生,强调自我表达、情感释放和艺术创新。

浪漫主义重视情感与直觉胜过理性,探求生活本质是其行为方式;弘扬个人主义与英雄主义,突出个体情感体验和对自由理想的执着追求;崇尚自然与异域文化,视自然为情感寄托,并向往神秘远方之美;推崇想象力与创造性,在艺术上打破传统,追求独特原创;倡导反抗与变革,不仅体现在文学作品中个人英雄主义与民族独立主题的抒发,也在视觉艺术上通过诗意画作展现社会批判与价值重构。代表性人物包括作家雨果、拜伦、雪莱及画家戈雅、德拉克洛瓦等。

现实主义(Realism)

现实主义是一种深刻影响了多个领域的思想流派和艺术创作方法,主要体现在文学、绘画、戏剧、电影以及哲学和国际关系等领域中。现实主义源于 18 世纪末至 19 世纪初的欧洲,当时随着启蒙运动的影响逐渐消退,人们开始关注现实生活本身,追求更为具体和真实的表达方式。

在艺术上,现实主义指对自然或当代生活做出准确的描绘和体现。它追求真实性和客观性,要求艺术家通过观察和体验生活,真实地反映社会现实,表现人性的复杂性和多样性,特别是受到了法国画家库尔贝倡导的影响。库尔贝反对浪漫主义的理想化表现,主张直接描绘可见的自然界和当代社会生活,他的作品标志着艺术领域现实主义运动的正式开启。在文学上,现实主义文学是对古典主义和浪漫主义的一种反叛。它要求作家以客观冷静的态度,按照生活的本来面目去反映生活,通过真实的描绘和生动的细节来塑造典型的人物形象,表现社会生活的本质和规律。现实主义文学的代表作品包括巴尔扎克的《人间喜剧》、狄更斯的小说《大卫·科波菲尔》、普希金的诗体长篇小说《叶甫盖尼·奥涅金》等。

维多利亚风格(Victorian Style)

维多利亚风格是指 19 世纪中叶至末叶,即维多利亚女王(1837—1901 年在位)统治时期的英国及其殖民地,乃至整个欧美地区流行的建筑、室内装饰、时尚、艺术和工艺设计的一种综合风格。维多利亚风格并非单一不变，而是包含多种子风格和混合风格，随着新材料、新技术广泛应用而不断演进，从初期的繁复华丽转向晚期的新艺术运动影响下的自然主义和装饰性简化。

建筑方面融合如哥特、拜占庭、罗马式、东方式以及其他众多设计元素，外墙采用红砖或石材，装饰丰富，具有尖顶塔楼、复杂屋顶及凸窗；内部空间宽敞，装饰繁复，特色包括木质装饰、彩色玻璃窗、豪华布艺、壁纸、窗帘、壁炉架、精工家具、陶瓷、黄铜/铸铁装饰和植物布置。服装方面，女性服饰层次丰富，注重曲线美，大量运用蕾丝、荷叶边等元素；男性着装保守正式，以西装为主。工艺品精美奢华，注重手工技艺与材料价值，常带有复杂纹饰和象征意义。代表性人物及作品：奥古斯塔斯·普金与乔治·吉尔伯特·斯科特的维多利亚建筑（如威斯敏斯特宫、圣潘克拉斯车站）；约翰·坦尼尔的插画作品，尤其是《爱丽丝梦游仙境》中的插图。

拉斐尔前派（Pre-Raphaelite Brotherhood）

拉斐尔前派成立于 1848 年，由一群年轻画家发起，他们不满当时的学院派艺术过于追求形式化和模仿文艺复兴大师拉斐尔及其后的矫饰主义，认为这种传统导致了艺术的真实性和原创性的丧失。

拉斐尔前派的宗旨是对艺术创作进行改革，倡导回归文艺复兴初期甚至更早的艺术精神，追求更为直接、生动和真实的表达方式。他们强调对细节的极度关注和写实手法，作品通常蕴含强烈的情感表达和象征意义，取材于古代神话、《圣经》故事和中世纪传奇，颜色鲜艳且对比强烈。代表作有约翰·埃弗里特·米莱斯的《奥菲丽娅》，但丁·加百列·罗塞蒂的《圣母领报》《贝娅塔·贝娅特丽丝》，威廉·霍尔曼·亨特的《牧羊人》等。拉斐尔前派启发了后来的唯美主义、象征主义等艺术流派，并在维多利亚时代后期的英国艺术中占据了重要的位置。

自然主义（Naturalism）

自然主义起源于19世纪的法国，思想根源可以追溯到孔德的实证主义和社会达尔文主义，但它作为一种文学运动，则是在19世纪60年代由法国作家埃米尔·左拉所倡导和发展起来的。

自然主义的基本宗旨是坚持客观、科学地描绘现实世界，尤其是关注那些被认为是社会底层的生活、人性中的生物性和遗传决定性因素、环境对个体命运的影响等。自然主义者摒弃浪漫主义的理想化和现实主义的部分主观性，主张艺术家应当像科学家一样研究社会现象，通过详细的观察和数据收集，展现生活中最原始、最赤裸、最不受道德评判的一面。代表是埃米尔·左拉的《黛莱丝·拉甘》和《卢贡-马卡尔家族》系列；莫泊桑虽然不是严格意义上的自然主义者，但其作品如《项链》也体现了自然主义的某些特点；在绘画领域，库尔贝虽被归类为现实主义画家，但他的作品也体现出自然主义的一些特征，如对平凡事物的关注和对现实无修饰的表现。

「延伸：自然主义因其毫不掩饰地展示生活中的丑陋和悲剧，曾引起当时社会广泛的争议。比如，左拉的《娜娜》揭露了巴黎的淫靡生活和资产阶级道德的虚伪，招致保守势力的猛烈抨击。此外，自然主义文学还经常因为过于露骨和悲观的内容，被指责缺乏道德教化功能和审美价值。」

总体艺术（Gesamtkunstwerk）

总体艺术这一概念，最初由德国作曲家理查德·瓦格纳于19世纪末提出，他认为传统的歌剧未能充分整合所有艺术元素，应该创造出一种新的艺术形式，即音乐剧，在这个框架下，音乐不再仅仅是配乐，而是剧情发展的核心动力，同时，舞台布景、服装设计、灯光效果乃至剧场建筑都要服务于整体的艺术目的。

在这一思想启发下，一些艺术家开始尝试将不同的艺术形式融合在一起，以创造出更为复杂和多元的作品。而随着科技的发展和媒体的多样化，总体艺术得到了更为广泛的发展和应用。艺术家们开始利用新媒体技术、数字艺术、装置艺术等现代艺术手法，将多种艺术形式融合在一起，形成了一种全新的艺术风格和流派。总体艺术的主旨在于打破传统艺术门类的界限，通过跨界的融合与创新呈现一个主题或理念。

「延伸：作为总体艺术的倡导者和实践者，瓦格纳创作了《尼伯龙根的指环》和《帕西法尔》等一系列具有总体艺术特色的歌剧。瓦格纳发起并建立的拜罗伊特音乐节，旨在演出他的作品，并在此实现了总体艺术的许多理想，音乐节及其专用的拜罗伊特节日剧院至今仍被视为总体艺术实践的象征。」

工艺美术运动（Arts and Crafts Movement）

工艺美术运动发端于 1860 年，由评论家约翰·罗斯金的理论和艺术家威廉·莫里斯的实践共同推动。莫里斯创建了莫里斯公司，致力于设计和制造高品质的手工艺品，作为对工业化进程中批量生产和设计质量下降的回应。

工艺美术运动的核心思想是要对抗工业化所带来的机械复制和标准化生产，提倡回到中世纪手工艺的传统，追求产品的个性化、艺术性和功能性的统一。运动的倡导者们相信，通过艺术家与工匠的合作，可以创造出既美观又有实用价值的产品，而且能反映出自然之美和材料本身的特性。工艺美术运动背后有着深刻的社会改良意图，希望通过改善设计和生产工艺来提高工人地位，提升大众生活品质。约翰·罗斯金是该运动的理论指导者，他主张艺术应与社会和自然紧密相连，并强调艺术的社会责任。而威廉·莫里斯则是主要实践者，其设计并亲自参与建造的红屋是工艺美术运动的代表性建筑之一。

「延伸：虽然工艺美术运动倡导手工艺和工匠精神，但其产品价格昂贵，一般消费者难以负担。不过因为其家居用品设计非常优秀，有些款式被大规模仿制，而这恰恰违背了莫里斯倡导手工制作和抵制工业化生产的初衷。」

唯美主义（Aestheticism）

唯美主义运动最早在英国由奥斯卡·王尔德、沃尔特·佩特、詹姆斯·惠斯勒等艺术家和知识分子推动。他们通过文学评论、散文、诗歌和艺术创作传播唯美主义思想。主张"为艺术而艺术"，即艺术不应受任何形式的目的论限制。

唯美主义的核心信念在于艺术的首要任务是提供审美愉悦，它拒绝承担社会改革或道德训诫的功能。唯美主义者追求艺术作品本身的形式美、技巧美；鼓励艺术唤起感官的愉悦和情感共鸣，强调艺术欣赏时的主观体验；主张艺术不应受到生活实际需要和道德规范的束缚，强调艺术世界的纯粹性和独特性。代表作有奥斯卡·王尔德的《道林·格雷的画像》，詹姆斯·惠斯勒的画作《母亲的画像》等。沃尔特·佩特在作品《文艺复兴研究》中的阐述"体验一切事情的一切可能性"更是唯美主义的经典观念。

「延伸：王尔德因公开宣扬唯美主义理念，在社会上引发巨大争议。他本人的生活和创作，包括与阿尔弗雷德·道格拉斯的关系，以及最终的不幸结局，都被视为唯美主义理想与现实冲突的例证。」

印象派(Impressionism)

莫奈的《日出·印象》在 1874 年的画展上展出时,遭到了学院派的攻击和嘲笑。评论家们戏称这些画家是"印象派",而当时的评论家还不知道,一个在西方绘画史上划时代的艺术流派就此诞生了。它标志着现代艺术的开端。

印象派画家鼓励在户外写生并关注阳光下的光影变化;采纳当时新兴的色彩科学理论,大胆使用未经混合的颜色创造视觉上的和谐与亮度对比;抛弃精细的细节刻画,采用明显的、快速且松散的笔触来表达动感与情绪。以克劳德·莫奈、埃德加·德加、皮埃尔·奥古斯特·雷诺阿为代表的画家痴迷于用色彩和光来表现自然的美,代表作有《日出·印象》《睡莲》系列、《舞蹈课》和《红磨坊的舞会》等。

点彩派(Pointillism)

点彩派又称新印象派(Neo-Impressionism),是印象派的一个分支,在 19 世纪 80 年代中期至 90 年代初达到高峰,主要在法国兴起,着重于色彩科学的应用和视觉原理的探索。以乔治·修拉和保罗·西涅克为代表,他们进一步科学地分析光影、色彩、形态,采用点状笔触构建整体画面。他们反对传统的绘画方法，如陈旧的古典画派和矫揉造作的浪漫主义，强调对自然的直接感受和表达。

点彩派的主旨在于利用光学原理，即色彩并置理论，通过小面积纯色点的有序排列，让观众的眼睛在一定距离处自行混合色彩，从而获得更为明亮、生动和持久的画面效果。这一流派强调科学性和理性，追求一种不同于传统混色手法的色彩结构。乔治·修拉和保罗·西涅克被认为是点彩派的创始人，他们受到了色彩科学家如欧仁·谢弗勒尔等的研究成果启发，发展出了点彩技法。

「延伸：尽管点彩派的绘画技法在当时引起了很大的争议和批评，但随着时间的推移，它逐渐被接受并成为现代艺术的重要组成部分。此外，点彩派的绘画技法也对后来的许多艺术流派产生了深远的影响，如立体主义、野兽派等。」

芝加哥学派（Chicago School）

芝加哥学派兴起于 19 世纪末的美国芝加哥市，得益于该城市工业化的快速发展和钢铁框架结构的引入，使得建筑物可以突破传统的砖石结构的高度限制，进而促进了摩天大楼的诞生。

芝加哥学派在建筑领域的主旨是"形式服从功能",主张建筑设计应当基于建筑物的实际功能需求来进行,而不是单纯追求美学或复古风格。芝加哥学派率先将钢铁作为主体结构材料;增加了大面积的玻璃幕墙,提高了建筑内部的采光效果和通透感;设计上追求简约而不繁复,强调直线和平面的组合,以及材料本身的质感;在设计过程中充分考虑建筑功能需求,外部形态直接反映内部布局和结构特性。该派代表是被誉为"摩天大楼之父"的威廉·勒巴隆·詹尼,他的"家庭保险大楼"是世界上第一座使用钢铁框架结构的摩天大楼。约翰·韦尔伯恩·鲁特和路易斯·沙利文共同创建了建筑事务所,沙利文的施莱辛格与迈耶百货公司大厦和芝加哥运输大楼,鲁特的蒙托克大厦和信托大厦等,均是芝加哥学派的典范。

「延伸:路易斯·沙利文在设计过程中常常与业主产生争执,但他总是坚持自己的设计理念和原则。有一次,他在设计一个百货公司时,业主希望他采用更多的装饰元素来吸引顾客。然而,沙利文坚持认为过多的装饰会破坏建筑的整体性和功能性,最终他成功地说服了业主并完成了设计。」

象征主义（Symbolism）

象征主义起源于 19 世纪中叶的法国。1886 年，法国诗人让·莫雷亚斯发表《象征主义宣言》，标志着象征主义运动的正式诞生。它强调通过象征和暗示的手法，探索内心世界、梦幻、情感以及超越物质的精神层面。这一运动是对现实主义和印象主义直接描绘外部世界的反对，追求表现主观感受和宇宙间的内在联系。随着宣言的发表，象征主义的影响迅速扩展到整个欧洲，包括比利时、英国、俄罗斯等地，每个国家都发展出了自己的特色。1890 年，象征主义画家的作品在巴黎沙龙展出，进一步推动了这一运动的国际化。

象征主义强调表现个人的内心体验，而非对外在世界的直接描绘；经常采用梦境、神话、传说等元素，营造出超现实的氛围；使用象征物和隐晦的语言，鼓励观者或读者进行个人化的解读；形式简化，色彩具有情绪象征，如蓝色代表忧郁，红色象征激情。代表作品有古斯塔夫·克里姆特的《吻》，克劳德·德彪西的《牧神午后前奏曲》，保罗·魏尔伦和斯特凡·马拉美的部分诗歌。

「延伸：象征主义者提倡通过暗示和象征来表达抽象的概念和情感，强调主观感觉，反对理性，忽视客观。超现实主义深受象征主义的影响,继续探索潜意识和梦境的世界。」

后印象派(Post-Impressionism)

后印象派是 19 世纪末至 20 世纪初在法国兴起的一种艺术流派,并非一个有明确纲领的组织。后印象派的艺术家们如保罗·塞尚、保罗·高更及文森特·凡·高等,都是从印象主义起家,但他们都极力反对印象主义的束缚,并形成了个性鲜明的艺术风格。他们各自独立创作,如塞尚在法国南部,高更于 1891 年去塔希提岛,凡·高则在阿尔勒的农村作画。

后印象派艺术家并不满足于仅仅模仿自然界的表面光影效果,他们追求更为内在的情感表达和对形式结构的深入探索,强调主观情感、象征意义和形式美感的重要性;赋予色彩更多的象征意味,通过特定色彩和图形符号传达深层含义;部分艺术家的作品展现出浓厚的表现主义色彩,通过变形和夸张的手法揭示对象的本质。后印象派的代表人物除了之前提到的三位,还包括乔治·修拉。

「延伸:凡·高与弟弟提奥之间深厚的兄弟情谊和长期的通信交流,对凡·高的艺术创作产生了重要影响。

提奥不仅在经济上支持凡·高，还在精神上给予他鼓励和支持。凡·高曾写信给提奥说："我不想使画中的人物真实，我要更自由地表达我自己。"这句话也体现了后印象派追求自由表达和艺术创新的精神。」

新艺术运动（Art Nouveau）

新艺术运动大约始于19世纪末的法国，特别是以巴黎为中心辐射开来，随后迅速波及整个欧洲大陆乃至美国。其主旨是打破传统，以一种新的美学形式革新设计。它涉及建筑、家具、首饰、平面设计等多个领域，是设计史上一次重要的运动。

新艺术运动的核心主旨在于打破工业化批量生产的单调乏味，倡导回归自然、推崇有机形态和曲线美，主张艺术与技术的结合，以及装饰艺术的整体性。艺术家和设计师试图创造一种新的美学语言，将自然元素和现代感融入日常生活用品和建筑的设计中，体现了对工业化进程中失去的人文关怀和艺术性的重新追求。赫克托·吉马德设计的巴黎地铁站是新艺术运动的代表作之一，其独特的铁艺装饰和曲线造型充满艺术感；阿方斯·穆夏的海报作品以其细腻优美的线条和装饰繁复的人物形象成为新艺术风格的典型代表；安东尼奥·高迪设计的巴特罗公寓是新艺术运动建筑的杰出代表,其独特的外观和内部装饰展现了新艺术运动的独特魅力。

「延伸:在新艺术运动期间,艺术家们经常从自然界中寻找灵感,甚至有人为了寻找灵感而长时间地观察植物和动物。此外,新艺术运动还受到日本江户时期的艺术与装饰风格以及浮世绘的影响。」

格拉斯哥风格(Glasgow Style)

格拉斯哥风格是指19世纪末至20世纪初,在苏格兰格拉斯哥地区兴起的一种设计与装饰艺术风格,它是新艺术运动在英国的一个分支。格拉斯哥风格以当地的设计团队"格拉斯哥四人"为核心,包括查尔斯·伦尼·麦金托什、他的妻子玛格丽特·麦克唐纳,赫伯特·麦克奈尔及其妻子弗朗西斯·麦克唐纳。这个学派的影响力主要体现在建筑设计、室内装饰、家具设计、金属工艺品以及平面设计等领域。

格拉斯哥风格旨在突破维多利亚时代过于繁复的传统装饰手法,主张直线和简单的几何造型;装饰图案简洁而富有象征意味,常常混合抽象的自然元素和几何图形;色彩相对克制,偏好白色、黑色和淡雅的中性色调;强调设计的实用性,追求形式与功能的完美结合。格拉斯哥风格的代表作品包括格拉斯哥艺术学院、风山住宅等建筑。

「延伸：查尔斯·麦金托什在设计中展现了他独特的两面性：浪漫与严谨。他一边用哥特式直线挑战人们的视觉神经，一边用玫瑰曲线书写日常浪漫。这种独特的设计风格使他成为格拉斯哥风格的代表人物之一。」

纳比派（Les Nabis）

纳比派成立于1891年，成员主要是巴黎朱利安美术学院的学生，名称源自希伯来语"先知"。最初的核心成员包括莫里斯·德尼、保罗·塞律西埃、皮埃尔·博纳尔、爱德华·维亚尔等人。它深受象征主义思潮启发，希望通过艺术创作探索更深层次的精神内涵和情感表达。

纳比派的主旨是对传统的透视法和写实主义进行挑战，追求一种更加内在、主观和象征性的艺术表达方式；通过平面化的表现手法营造出具有强烈视觉冲击力的装饰效果；他们受到了日本浮世绘、高更和凡·高等后印象派艺术家的影响，注重色彩的运用，追求色彩的表现力；通过画面中的元素和形象来传达画家对自然、社会和人生的思考。保罗·塞律西埃创作的《护身符》是纳比派标志性的作品。

现代主义（Modernism）

现代主义起源于 19 世纪末的欧洲，特别是在工业化和城市化的背景下，人们开始对传统价值观和文化形式产生怀疑和反叛。现代主义的代表人物包括毕加索、马蒂斯、达利、布拉克等。其中，毕加索是现代主义最具代表性的艺术家之一，他的作品《格尔尼卡》通过一系列变形的图案组合，控诉了法西斯德国空军轰炸西班牙城镇格尔尼卡的罪行，展现了现代主义艺术的独特魅力。

现代主义者通常反对古典主义和浪漫主义的传统审美观，寻求全新的艺术语言和表达方式；强调艺术家的个性和创造力，鼓励艺术家通过作品来表达自己的情感和思想；追求抽象和形式上的实验，试图打破传统的美学规范和艺术语言；早期的现代主义对工业化和机器化持赞美态度，认为它们代表了现代社会的进步和发展。现代主义还鼓励各种媒介和技术的跨界结合和实验，电影、摄影和电子音乐等新兴艺术形式得到快速发展。毕加索的《格尔尼卡》、弗吉尼亚·伍尔夫的《达洛维夫人》、勒·柯布西耶的"新建筑五点"，都是现代主义最好的注脚。

「延伸：现代主义艺术家们经常通过一些非传统的

材料和手法来创作作品。例如，一些现代主义画家会使用废弃的物品、破碎的镜子等材料来制作拼贴画，其中最有名的莫过于杜尚的《泉》（一个签过名的陶瓷小便器）。这是对艺术品定义的一次重大挑衅。」

现代主义设计（Modernism Design）

现代主义设计的起源可以追溯到19世纪末期的工艺美术运动和新艺术运动，但真正成形是在20世纪初，特别是在包豪斯学派成立后得到了系统的理论支持和发展。二战后，随着美国的崛起和欧洲的重建，现代主义设计的理念在全球范围内传播并应用于城市规划、建筑设计、产品设计等领域，形成了国际风格。此外，一些后来的设计分支，如有机现代主义和新现代主义也在原有基础上有所发展和演变。

现代主义设计强调形式跟随功能，减少无用装饰，注重实用性和舒适性；偏好简单的几何形状，比如直线、矩形、圆形等；采用工业化生产的材料，如钢铁、玻璃、混凝土，以及塑料、铝材等新材料；设计易于大规模生产的产品和服务，提高效率，降低成本；在建筑内部空间设计上倾向于开放式布局，促进光线流动和空间利用效率。现代主义设计中，格罗皮乌斯是最重要的教育与实践奠基人,密斯·凡德罗倡导"少即是多"的概念,而勒·柯布西耶则提出了"新建筑五点"的建筑理念。

「延伸:勒·柯布西耶提出的"新建筑五点"的设计理念,包括底层架空、屋顶花园、自由立面、横向长窗和自由平面。这些原则在他的许多作品中都得到了体现。」

维也纳分离派(Vienna Secession)

维也纳分离派是 1897 年 4 月 3 日,由古斯塔夫·克里姆特、约瑟夫·霍夫曼、马克斯·柯兹威尔等艺术家、建筑师和设计师在维也纳成立。因不满于当时主流艺术界的保守风气和奥地利美术家协会的僵化规则,他们宣布成立团体,以求打破传统美学规范,倡导艺术的自由表达和创新精神。

维也纳分离派是 19 世纪末至 20 世纪初欧洲新艺术运动在奥地利的重要分支。维也纳分离派在设计领域特别注重功能性与美学的结合,虽然初期作品中保留了新艺术运动的一些元素,如对曲线和自然形态的借鉴,但他们更多倾向于使用几何形状,尤其是正方形和矩形,而非繁复的花卉图案。尽管分离派作为一个整体拥有共同的理念,但其成员的作品风格各异,体现了强烈的个人主义色彩。古斯塔夫·克里姆特作为维也纳分离派的核心人物之一，以其独特的"金色时期"作品著称，《吻》《生命之树》以及《埃赫特男爵夫人》都是其代表作。在建筑领域，约瑟夫·霍夫曼的维也纳工场和约瑟夫·奥尔布里希设计的分离派展览馆也都是分离派的代表性作品。

「延伸：维也纳分离派的展览馆屋顶上有一尊希腊神话中的雕塑"潘神"，它正面向老一辈保守的艺术家们所在的美术家协会吹喇叭，似乎在宣告着他们与旧秩序的决裂，这也成为一个有趣的历史故事。」

表现主义（Expressionism）

表现主义起源于19世纪末的德国，最初是一种绘画上的风格，由挪威画家爱德华·蒙克和德国画家埃米尔·诺尔德领导开创。他们的作品通过强烈的色彩、扭曲的形象和粗犷的笔触来表达情感和内心世界。一战前后，表现主义达到高峰，在德国尤为活跃，产生了诸如"桥社"和"青骑士社"这样的艺术家团体。

表现主义作品倾向于夸张、变形甚至扭曲现实，以传达创作者个人的强烈情绪和观点；通常采用大胆、鲜明的颜色对比和激烈、不规则的线条来表现内在情感；作品常常蕴含深层的心理象征意义，通过符号和隐喻来探讨普遍的人类经验和存在状态；反映了当时社会动荡不安的气氛，对工业化、战争、都市生活的异化现象进行了深刻的反思。在绘画方面爱德华·蒙克的代表作《呐喊》《病中的孩子》，文学领域弗朗茨·卡夫卡的《变形记》《城堡》等都是表现主义的经典。

「延伸：表现主义艺术家们常常通过他们的作品来表达对社会现状的不满和批评。例如，卡夫卡的小说《变形记》通过主人公格里高尔变成甲壳虫的故事，揭示了资本主义社会中人性的异化和压迫。」

野兽派（Fauvism）

在 1905 年巴黎秋季沙龙展上，一位名叫路易·沃塞尔的评论家看到一些色彩鲜艳、笔触狂放的画作后，幽默地称这些青年"像一群野兽"，这句话后来被广泛传播，并成为野兽派名字的来源。野兽派艺术家们从后印象派那里继承了对于色彩和形式的革新精神，同时借鉴了非洲艺术、原始艺术等非西方艺术元素，形成了独特的艺术风格。

野兽派艺术家们大胆使用鲜艳、浓重的色彩，追求色彩的纯粹性和表现力，往往直接从颜料管中挤出颜料，以直率、粗放的笔法，创造强烈的画面效果；形式上追求简化,通过夸张变形的形象来突出描绘对象的本质,他们不再讲究透视和明暗、放弃传统的远近比例与明暗法,采用平面化构图、阴影面与物体面的强烈对比;强调个人情感的表达,通过作品来传达自己的直观感受和个人体验。《舞蹈》和《音乐》的作者亨利·马蒂斯是野兽派的灵魂人物,安德烈·德兰的伦敦风景系列,乔治·鲁奥的《老国王》都是野兽派的经典。

「延伸:野兽派艺术家们常常使用直接从颜料管中挤出的颜料作画,这种作画方式被称为"挤牙膏式"绘画。这种作画方式使得画面色彩更加鲜艳、直接,也体现了野兽派艺术家们对于色彩的大胆运用和追求。」

德意志制造同盟(Deutscher Werkbund)

德意志制造同盟是 1907 年由赫尔曼·穆特修斯和彼得·贝伦斯等人成立的德国设计组织,其在德国乃至世界现代设计史上都占据着重要的地位。德意志制造同盟致力于推动德国设计的发展,并在德国专业设计人员和生产厂家之间建立起合作关系,从而提高德国产品的国际竞争力。

德意志制造同盟强调艺术、手工艺和工业的结合;追求实用性和美感的平衡,以满足人们的实际需求并提升生活质量；致力于推动设计的标准化和批量化，以提高生产效率并降低成本；除此以外，还开展设计教育与实践项目，包括建筑设计、家居产品设计等多个领域。该同盟得到了德国政府的支持，成为世界上第一个官办的设计促进中心。在成立后，同盟出版年鉴、开展设计活动、参与企业设计并举办设计展览，以推动德国设计的发展。此外，同盟还进行了关于设计的标准化和个人艺术性的讨论，即"科隆论战"，这场论战对现代设计的认识产生了深远的影响。

「延伸：在德意志制造同盟成立初期，成员们经常聚在一起讨论设计问题，并互相学习交流。有一次，他们讨论到了设计的标准化问题，有人认为标准化可以提高生产效率并降低成本，但也有人认为这会限制设计师的创造力。这场讨论持续了很长时间，但最终他们达成了共识，认为在保持设计美感的前提下，适度地进行标准化是有益的。」

立体主义（Cubism）

立体主义起源于20世纪的法国，由巴勃罗·毕加索和乔治·布拉克共同开创。这是一种彻底颠覆传统透视和空间表现方式的现代艺术运动，它主张从多个视点观察和描绘物体,将复杂的三维影像转化为二维平面内的几何结构。立体主义的发展分为两个主要阶段:分析立体主义(约 1907—1911 年)和综合立体主义(约 1912—1914 年)。

立体主义打破了单一视点的传统透视法,将同一物体的不同侧面同时展示在同一画面中;物体被简化为基本的几何形状,如立方体、圆柱体和球体等,强调形式的简化和趋势;分析立体主义时期,作品通常采用低饱和度的中性色彩,强调形态结构;综合立体主义时期,色彩和材质变得更为丰富多样;后期立体主义发展出拼贴和纸拼贴技术,使非绘画元素直接融入绘画中,拓展了艺术表现的可能性。巴勃罗·毕加索的代表作《亚威农少女》标志着立体主义的诞生,《吉他手》则是分析立体主义的经典之作。他还参与了拼贴画的创新实践,与乔治·布拉克共同推动了立体主义的发展。

「延伸:在立体主义的发展过程中,毕加索借鉴了非洲面具,这些面具的平面化和简约形态对其立体主义风格的形成产生了重要影响。立体主义的发展也受到了其他艺术流派的影响,如野兽派、未来主义等。这些流派的艺术家与立体主义艺术家互相交流和合作,共同推动了现代艺术的发展。」

未来主义（Futurism）

未来主义最初于 1909 年由意大利诗人菲利波·托马索·马里内蒂在其《未来主义宣言》中正式宣告成立。它倡导现代化、工业和技术的进步，以及速度、力量和动态的表现，对未来充满热情，并寻求打破旧有的美学和文化规范，拥抱变革。

未来主义追求表现现代社会的速度和动力，通过快速的节奏、强烈的对比和动态的形式来展现现代社会的活力；未来主义认为技术和工业是推动社会进步的重要力量，因此它热衷于通过艺术作品来展现技术和工业的魅力；未来主义主张彻底摒弃传统，追求创新和变革。它鼓励艺术家们采用新的语言、形式和技巧来表达现代社会的特点。在绘画方面，翁贝托·波丘尼是最著名的未来主义画家之一，他的作品《空间连续的独特形体》展现了人体在运动中的能量流动和形态变化。吉诺·塞维里尼的作品融合了立体主义元素和未来主义的速度感，卡洛·卡拉和贾科莫·巴拉同样以其独特的未来主义作品闻名，巴拉的《被拴住的狗的动态》形象展示了物体在运动中的多重影像。

「延伸：未来主义艺术家常常在作品中运用新的材料和技巧，如使用玻璃、钢铁等现代材料来制作雕塑和装置艺术。未来主义者还尝试跨界合作,如将诗歌与舞台剧结合,举行未来主义晚会,展示他们的艺术理念。」

动态艺术(Kinetic Art)

动态艺术起源于 20 世纪初俄罗斯构成主义艺术家的作品,如亚历山大·罗钦科和卡西米尔·马列维奇等人的实验性设计和建筑项目。它是一种侧重于运动、时间和光的变化作为艺术表现手法的现代艺术流派,主旨在于打破传统静止艺术的框架,让观众体验到艺术品随环境变化而产生的形态或视觉上的动态效果。

艺术家们通过各种机械或自然动力来驱动作品运动;在不同的时间段还可以呈现出不同的形态;许多动态艺术作品具有一定的互动性,观众可以通过触摸、操作等方式与作品进行互动;随着科技的发展,动态艺术也逐渐与数字媒体艺术、电子装置艺术等新媒体艺术形式相结合。如让·丁格利的活动雕塑《向纽约致敬》、安东尼·豪的《风力漩涡》和亚历山大·考尔德的《蜘蛛》等,都是动态艺术的经典。

「延伸:柏林的 Art + Com 设计师团队,在新加坡樟宜机场 1 号航站楼制作了一个名为《雨之舞》的动态雕塑。这个作品通过计算机编排的降雨过程,展现了时间和空间的独特变化。」

抽象艺术（Abstract Art）

抽象艺术的概念最早可追溯到 19 世纪末的后印象派艺术家，如凡·高和高更，他们的作品中已经体现出对形式与色彩的主观表现。然而，抽象艺术作为一个独立的流派是在 20 世纪初真正形成并发展起来的。抽象艺术家往往追求超越物质表象的精神实质，探索艺术语言的独立价值，赋予作品更多主观意义和个人表达。

抽象艺术作品不直接描绘或模仿现实对象，脱离了形象的限制；形式线条、色彩、纹理等视觉元素成为作品的核心表达工具；艺术家的情绪、意识、哲学思考等内在世界在作品中得以强烈展现；许多抽象艺术作品重新定义了空间布局和视觉深度。瓦西里·康定斯基的《几个圆圈》《黄红蓝》，马列维奇的《白底上的黑色方块》，蒙德里安的《红、蓝、黄的构成》等都是抽象艺术的代表作。

形而上画派（Pittura Metafisica）

形而上画派是一种诞生于 20 世纪初期的艺术团体。它的创始人是意大利画家乔治·德·基里柯，这一画派深受叔本华和尼采哲学影响，并带有弗洛伊德思想的色彩，重视直觉、幻觉和潜意识的应用。

形而上画派的作品深受哲学思想的影响，通过描绘日常之物来传达深层次的哲学思考；通过物体在"不真实"的背景上具有召唤力的并置，传达出一种神秘感，引导观众思考现实与超现实之间的关系；形而上画派的作品中常出现斜射的光线与长长的投影、规整和多点透视的不合理组合、单纯低沉的色调等元素，营造出一种独特的视觉氛围。乔治·德·基里柯的《一条街上的神秘与忧郁》《恋歌》和卡洛·卡拉的《爱国庆祝会》等都是形而上画派的代表。

「延伸：关于形而上画派的创始人基里柯有一个有趣的故事。据说他在创作过程中常常陷入沉思，以至于忘记时间。有一次，他在画室中连续工作了数天，直到家人担心他的安危才找到他。看到他正在全神贯注地创作，家人都惊讶于他对艺术的执着和热情。」

精确主义（Precisionism）

精确主义起源于 20 世纪初的美国，当时正值美国的工业全力发展阶段。受欧洲的未来主义和立体主义的影响，美国画家开始尝试用新的方式来表达他们对现代社会的理解。它反映了人们对现代艺术日益增长的兴趣，同时展现了艺术对现实主义风格的远离。

精确主义强调精确、清晰的线条和明确的颜色，以精确描绘工业化景象；精确主义关注现代化进程，同时在形式上探索出了多种不同的风格，包括结晶状的光线、多样的几何形状以及没有人物的画面等。查尔斯·希勒是精确主义的代表人物之一，他的代表作《福特红河工厂和滚动的能量》和查尔斯·德穆斯的《兰开斯特》《我的埃及》都聚焦工业和机械的主题，表达对现代化进程的理解。

「延伸：关于精确主义的一个趣闻是，尽管它在美国本土产生了深远的影响，但这一风格从未远播海外。尽管如此，精确主义仍然被认为是美国的第一个抽象绘画运动，并对后来的艺术流派如色域艺术、照相写实主义、波普艺术等产生了重要的影响。」

至上主义（Suprematism）

至上主义是 1915 年前后由俄国画家卡西米尔·塞文洛维奇·马列维奇创造的前卫艺术流派，活跃于 1915 年到 20 世纪 30 年代之间。马列维奇是至上主义的奠基人，他的《白底上的黑色方块》被认为是至上主义的第一件作品，标志着至上主义的诞生。

至上主义的作品以直线、几何形体和平涂色块为主要特点,通过简单的几何图形和纯色来表现纯粹的形式美。这种艺术风格强调简约性和几何感,能够引发观众对形式美的思考和探索。至上主义艺术家追求纯粹的艺术表达,反对模仿自然和具象的表现方式。除了马列维奇之外,至上主义艺术家还包括乌达利佐娃、苏耶金、普尼等艺术家。

「延伸:马列维奇在创作《白底上的黑色方块》时,曾将这幅画放置在展室两面墙壁相交的一角,并让它接近天花板,以强调其独特性和重要性。这件作品因其极端简约的黑白对比和大胆的形式创新而闻名,当时甚至有人将其比喻为艺术界的"零起点"。」

达达主义(Dadaism)

达达主义起源于第一次世界大战期间的瑞士苏黎世,由雨果·鲍尔等人在 1916 年创办。达达主义艺术家们坚信,只有通过打破传统艺术的规则和限制,才能真正实现艺术的自由和创新。其中纽约达达主义以马塞尔·杜尚为代表,强调个人化和反传统;而巴黎达达主义则更加注重政治和社会批判。

达达主义艺术家们反对传统艺术的规则和限制,认为艺术应该摆脱束缚,追求一种自由、无拘无束的表达方式；艺术家们通过夸张、变形等手法，将日常生活中的物品和场景进行改造和重组，创造出一种荒诞不经的艺术效果。这种荒诞和幽默的表达方式，使得达达主义作品具有很强的观赏性和趣味性。马塞尔·杜尚被誉为"现代艺术之父"，他的作品《泉》是艺术史上的经典。此外，汉斯·阿尔普、弗朗西斯·毕卡比亚也是达达主义的重要代表。

「延伸：关于达达主义的命名，有一个有趣的传说。据说，创始人雨果·鲍尔和特里斯坦·查拉等人曾一度为这一艺术流派命名而发愁。后来，他们在一本法德词典中偶然发现了"达达"（Dada）这个词，觉得这个词意思简单且发音有趣，便取名"达达主义"。这个看似随意的命名方式，却成为达达主义的重要标志。」

构成主义（Constructivism）

构成主义的发展可以追溯到 1913 年，当时俄国艺术家马列维奇创作了一幅抽象的油画《白底上的黑色方块》，这标志着构成主义运动的正式开始。构成主义的核心理念在于艺术应该服务于社会功能，并通过构造和组织基本几何形状和工业材料来探索形式与空间的关系，摒弃传统的模仿自然或表现主观情感的方式，转而追求实用性、技术和教育意义。

构成主义作品以简洁的几何形状为主,如立方体、圆柱体、三角形等;采用非传统的工业化材料,如金属、玻璃、塑料等,体现了现代工业化生产的特点;构成主义不代表民族文化传统,也不从寻常的自然物象中取材,它通过象征性和主观性来表达特定主题;构成主义者对科学与技术有着疯狂的崇拜,相信科学和技术是解决一切社会和文化问题的有效手段。构成主义的代表人物有马列维奇、罗钦科、塔特林等。马列维奇的代表作有《白上白》等。塔特林倾向实用功利作用,其代表作是《第三国际纪念碑》,虽未完成,但其螺旋形结构成为构成主义的标志。

「延伸:构成主义艺术家试图将艺术与生活融合,因此他们在当时进行了许多实验性的尝试,比如制作可以批量生产的家具和日常用品,甚至参与到服装设计之中。此外,至上主义与构成主义紧密相关,虽然稍有区别,但它们都是由马列维奇提出的,强调纯粹几何形式和非客观表达。」

新造型主义(Neoplasticism)

新造型主义始于荷兰风格派运动,该运动在 1917

年由提奥·凡·杜斯堡创办的杂志《风格》(*De Stijl*)而得名。这一艺术流派是在抽象艺术的基础上进一步提炼和精简,追求一种超越具体物象的纯粹美学表达。

新造型主义的作品仅包含垂直线、水平线和正方形或矩形,排除了所有曲线和斜线;使用基础原色(红、黄、蓝)和非色彩(黑、白、灰),体现色彩本身的纯净特质而非再现自然界的色彩;线条和色块布局遵循严格的平衡原则,展现出一种静态的和谐关系;避免描绘具体的主题或表达个人情感,力求达到一种普遍的理想状态。新造型主义的代表人物是荷兰画家蒙德里安。他的代表作品包括《红、黄、蓝的构成》《百老汇爵士乐》等。

「延伸:蒙德里安的生活方式和他的艺术一样追求简约和秩序,他的工作室布置就充分体现了这种审美观,他的家具也是按照新造型主义的原则设计的,例如著名的"红蓝椅"。」

包豪斯运动(Bauhaus)

包豪斯,听起来可能有点陌生?但其实,它可是现代设计的摇篮!

在 19 世纪,人们的设计都停留在比较传统的阶段。

1919年，德国的魏玛市成立了一所特别的学校，这就是由瓦尔特·格罗皮乌斯创建的包豪斯学校。它是世界上第一所专门为了发展现代设计教育而建立的学院。这所学校不仅仅是学习的地方，它更是一个创意的工厂，让艺术与技术在这里碰撞出火花，并对全球的设计、建筑、艺术领域产生了深远的影响。

在包豪斯，学生们学会了如何运用新技术、新材料，把设计做得既实用又好看。他们的作品追求简约和实用，不喜欢过于复杂和繁复的设计。这种风格让设计看起来更加清爽和现代，也更容易被人们接受和喜欢。可以说，包豪斯就是现代设计风格的开创者。

虽然包豪斯学校在1933年因纳粹政权上台而被迫关闭，但它的精神和理念一直影响着现代设计的发展。如今，包豪斯运动仍然被视为现代设计史上的重要里程碑，对全球的设计教育和实践产生了深远的影响。

超现实主义（Surrealism）

超现实主义起源于法国，创始人安德烈·布勒东在1924年发表了《超现实主义宣言》，标志着这一运动的正式诞生。它反对传统的理性逻辑和美学规范，倡导释放人的非理性创造力，追求超越现实的精神自由。

超现实主义反对传统的艺术形式和观念，追求新颖、独特的表达方式；探索人类的潜意识心理，将现实观念与本能、潜意识及梦的经验融合；突破合乎逻辑与实际的现实观念，追求一种绝对而超越的真实；强调文艺创作是纯个人的自发心理过程，重视个人的情感和想象。安德烈·布勒东的小说《可溶解的鱼》和《娜嘉》是超现实主义文学的早期经典。萨尔瓦多·达利代表作《记忆的永恒》《伟大的自慰者》充满细腻的写实技巧和匪夷所思的梦幻意象。此外，胡安·米罗、马克斯·恩斯特和勒内·马格里特也是超现实主义的代表人物。

「延伸：超现实主义艺术家们曾尝试集体创作，比如通过"精美尸体"游戏来创作诗歌和绘画，每位参与者仅能看到前面人的部分作品，从而产生意想不到的连贯性和创造性碰撞。」

装饰艺术运动（Art Deco）

装饰艺术运动的名字源于 1925 年在巴黎举办的"国际现代装饰与工业艺术博览会"。这场博览会展示了当时全球最新的艺术与设计成果，奠定了这一风格的基础。该运动旨在创造一种新的美学语言，体现新时代的速度、机械美和技术成就，同时反映社会的繁荣与乐观情绪。

装饰艺术作品中常见简洁、抽象且对比鲜明的几何形状，如矩形、三角形、扇形、流线型等；使用贵重材料，如象牙、玛瑙、玻璃、镜子、黄铜、不锈钢、铬合金等，营造奢华氛围；偏好鲜艳、饱和的色彩组合，包括金色、银色、黑色与强烈对比的鲜艳色彩；借鉴各地文化的装饰元素，如古埃及、中美洲、非洲部落以及东方艺术，形成独特而又多元的装饰图案；体现时代精神，融合工业时代的机械部件和交通工具设计的线条，表达速度与力量感。勒·柯布西耶、让·杜南等都是其代表人物。

「延伸：在 20 世纪 30 年代的美国，有一位名叫沃尔特·迪士尼的动画师曾经受到装饰艺术运动的启发，将这一风格融入了他的动画作品中。例如，在他的经典动画《幻想曲》（Fantasia）中，就可以看到许多装饰艺术运动的元素，如流线型的图案和丰富的色彩等。」

好莱坞风格（Hollywood Style）

好莱坞风格的发展始于 20 世纪初，随着电影产业的兴起而逐渐形成。在经济危机期间，电影成为人们心灵的安慰剂，电影院被称为"梦的天堂"，这刺激了电影院的设计发展，进而形成了好莱坞风格。好莱坞风格追求的是视觉上的华丽、情感上的共鸣和故事上的吸引力，以吸引观众并传播美国的文化和价值观。

好莱坞风格通常指代经典好莱坞电影的叙事和制作方法，特点是故事叙述流畅、清晰，注重情感共鸣和观众接受度，遵循传统三幕剧结构，并采用一系列标准化的制片技术手段来确保电影的商业成功和大众娱乐性。好莱坞风格同时注重视觉效果的营造，运用丰富的色彩、图案和装饰元素，打造出华丽而夸张的场景和服装。好莱坞风格是装饰艺术运动在美国加州好莱坞地区的延伸与演绎，特别是在电影院和部分公共建筑上的应用，强调奢华、梦幻和夸张的表现手法，吸引观众进入一个超越现实的世界。

代表作品包括众多经典电影和建筑。例如导演阿尔弗雷德·希区柯克、弗兰克·卡普拉等，他们的作品体现了好莱坞叙事技巧和视听风格。此外，电影明星克拉克·盖博、葛丽泰·嘉宝、奥黛丽·赫本等，也是好莱坞明星制度下的代表性人物。电影的代表有《乱世佳人》《公民凯恩》《北非谍影》等。建筑上如洛杉矶埃及剧院和中国戏院都是好莱坞风格的代表。

「延伸：好莱坞的电影院设计曾经受到古埃及文化的启发。例如，埃及剧院采用大量古埃及的装饰，创造了一个古典的梦幻世界，观众仿佛置身于古埃及的神秘氛围中。」

流线型运动（Streamline Movement）

流线型运动是一种在 20 世纪 30 年代美国流行的设计艺术风格，它主要影响了产品设计，特别是交通工具的外形设计。流线型运动的发展可以追溯到 1900 年左右，当时已经开始试验利用所谓"泪珠型"的形式设计交通工具。流线型设计视觉上象征着速度、现代性与科技的进步，是当时时代精神的载体。

流线型设计的源头可以追溯到空气动力学实验，最初主要用于优化交通工具的性能；其通常呈现出光滑、连续、极具动感的曲线，强调速度感和未来感。尽管许多产品的流线型设计并非严格意义上的空气动力学优化，但它们确实受到了这一科学原理的启发。随着塑料和金属模压技术的发展，复杂的流线型造型得以实现。流线型设计逐渐成为一种时尚和潮流，影响了从电熨斗、烤面包机到电冰箱等家用产品的外观设计，形成了 20 世纪 30—40 年代最流行的产品风格。流线型运动的代表人物包括诺尔曼·贝尔·盖迪斯和雷蒙德·罗维（他被誉为"流线型设计之父"）等。

「延伸：流线型设计的灵感来源于对自然界中动物形态的观察。设计师发现，许多动物的身体形态都具有流线型的特点，这种形状能够减小空气或水的阻力，使动物在高速运动时更加稳定和省力。因此，设计师将这种形状应用到产品设计中，形成了流线型设计风格。」

高科技风格（High-Tech Style）

高科技风格源于 20 世纪 20—30 年代的机器美学，当时正值工业化和技术革新的高潮。这一风格着重展示建筑及产品设计中的工程技术之美，强调结构功能的可视化和材料的真实质感，力求传达科技的先进性、透明度与纯粹性。这个术语在 1978 年由祖安·克朗和苏珊·斯莱辛合著的专著《高科技》中率先出现。

高科技风格的设计通常会将建筑或产品的结构直接展现出来；大量使用钢、玻璃、铝、混凝土等工业材料，以及半透明和反射性强的表面，以传达现代科技感和高效能的印象；注重功能和科技元素的应用，使用最新的技术和创新的设计理念；主张内外空间的交融，通过大面积的玻璃幕墙，模糊室内外界限，让建筑内部的工作和生活场景更加通透、开放。其中，理查德·罗杰斯和伦佐·皮亚诺合作设计的巴黎蓬皮杜国家艺术与文化中心是高科技风格建筑的杰出代表。

「延伸：诺曼·福斯特设计的香港汇丰银行总部大楼亦是高科技风格建筑的典范，其大量使用了玻璃和钢结构，展现了高效的办公空间布局和自然光照的有效利用。在工业产品设计领域，意大利设计师马内奥·波特也是高科技风格的杰出代表。」

国际主义风格（International Style）

国际主义风格源自包豪斯学派的理念，受到勒·柯布西耶、凡·德·菲尔德和格罗皮乌斯等现代主义大师的影响，他们在建筑和平面设计等领域倡导形式服从功能的原则。1932年，"国际主义风格"这一术语首次由建筑师菲利普·约翰逊和亨利·拉塞尔·希区柯克在"国际主义风格：1922年以来的建筑"展览的目录中提出，用来描述一种跨越欧洲和美国的新建筑风格。

国际主义设计以实用和功能性为主导，避免不必要的装饰和冗余成分；建筑强调结构逻辑的显现，如钢铁和玻璃材质的框架结构；提倡单元化、系列化设计，易于批量生产和组装；平面设计中，图形多采用简单的几何形状，字体选择无衬线字体，追求清晰易读和视觉传达效率；室内设计强调空间的流动性和灵活性，推崇开放平面和内外空间的融合。

密斯·凡德罗被认为是国际主义风格的集大成者，他的设计作品如西格拉姆大厦等成为国际主义建筑的典范；菲利普·约翰逊是美国建筑师和评论家，提出了"国际主义风格"这一说法，并著有《国际主义风格》一书；马克斯·比尔是瑞士国际主义平面设计师，他的作品体现了高度功能化、非人性化、理性化的平面设计风格；迪特·拉姆斯领导了乌尔姆设计学院和博朗公司的设计工作，形成了高度功能主义、高度秩序化的产品设计风格。

「延伸：虽然国际主义常被视为现代主义的一种延续，但也有观点认为它在商业化和去人性化方面走得更远，这导致了后现代主义的反叛。」

黑色幽默（Black Humour）

黑色幽默的概念最早可以追溯到 20 世纪 30 年代法国超现实主义者的论述，但作为一种文学流派，它主要兴起于 20 世纪 60 年代的美国。1965 年，美国作家布鲁斯·杰伊·弗里德曼编辑的短篇小说集《黑色幽默》出版，这一流派因此得名并逐渐被广泛认识。黑色幽默通过极端的讽刺和夸张，探讨人类生存状态的荒诞性，揭示现代社会的矛盾、不合理和道德混乱。

黑色幽默以喜剧的形式处理悲剧内容，使两者在作品中并存，产生强烈的对比效果；人物往往是失败者或边缘人物，他们的行为常常违反常规，表现出对社会规范的嘲讽；通过夸张、扭曲现实，展现世界的不可理喻和人性的异化；在绝望的情境中寻找幽默，体现出对生活困境的无奈和超脱。代表作有约瑟夫·海勒的《第二十二条军规》、库尔特·冯内古特的《五号屠场》和托马斯·品钦的《万有引力之虹》，约翰·巴思、詹姆斯·珀迪、唐纳德·巴塞尔姆等也都是黑色幽默的重要代表。

「延伸：《第二十二条军规》小说中的"第二十二条军规"是一个经典的逻辑悖论：只有疯子才不需要执行飞行任务，但必须由本人提出申请；而一个能提出此申请的人，不可能是疯子，所以，他依然要执行飞行任务。」

抽象表现主义（Abstract Expressionism）

抽象表现主义，也被称为纽约画派，是20世纪40年代至50年代初兴起于美国的一种艺术运动。该术语由美国评论家哈罗德·罗森伯格提出，用来形容波洛克等艺术家在创作时的身体动态和即兴性。

抽象表现主义的核心主旨在于探索非具象形式的语言，通过色彩、线条、形状和质感来传达艺术家的内在情感和心理状态，而非描绘客观世界的形象。抽象表现主义创作过程中强调艺术家的情感冲动和即兴创作,作品往往体现一种未完成感;使用大尺寸画布,艺术家常常以身体的运动来作画,使创作成为一种体力劳动;色彩浓烈、对比强烈,常使用滴洒、刮擦等技法增加画面的质感和深度;作品放弃对现实的直接描绘,转而探索色彩、形状的内在意义和象征性。代表人物有杰克逊·波洛克、威廉·德·库宁、马克·罗斯科和克莱福德·斯蒂尔。

「延伸:杰克逊·波洛克的滴画方法非常独特,他经常将画布铺在地上,绕着它走动,从不同角度滴洒颜料,这种方法不仅改变了绘画的传统方式,也体现了他的艺术哲学。」

荒诞派戏剧(Absurd Theatre)

荒诞派戏剧的兴起可以追溯到 20 世纪 50 年代的法国,随后迅速传播至整个西方世界。这一流派的出现是对传统戏剧逻辑性和连贯性叙事的反叛,也是对两次世界大战后社会动荡、价值体系崩溃的直接回应。它深刻反映战后人们对于存在、人性、社会秩序及现实的深刻质疑与反思。

荒诞派戏剧的主旨在于揭示世界的非理性、无意义以及人在其中的孤独、困惑和绝望。荒诞派戏剧打破传统戏剧的因果关系和情节发展，常用循环、重复、断裂的结构；大量使用象征和隐喻，通过抽象场景、物品或角色来暗示更深层次的含义；对话常常冗长、无意义或者失去沟通功能，反映出人与人之间理解的不可能性；通常使用极简的舞台布景，有时几乎空白，强调内在体验而非外部环境的再现；角色常常缺乏鲜明个性，呈现出普遍性和符号性，他们的行为往往是机械重复或无目的的。

代表作品有萨缪尔·贝克特的《等待戈多》和《美好的日子》，欧仁·尤内斯库的《秃头歌女》和《椅子》，让·热内的《女仆》和《阳台》，阿瑟·阿达莫夫的《一切人反对一切人》和哈罗德·品特的《看门人》。

「延伸：在荒诞派戏剧中，人物语言往往是无意义的梦呓或语无伦次的陈词滥调。例如，在《等待戈多》中，人物之间的对话往往文不对题，答非所问，展现了现代人的孤独、无聊和隔阂。」

波普艺术（Pop Art）

波普艺术是 20 世纪中叶兴起的一种艺术运动，最初在英国由一群年轻艺术家如理查德·汉密尔顿等人推动，他们通过展览和宣言，如汉密尔顿的拼贴画《究竟是什么使得今天的家庭如此不同，如此吸引人呢？》，提出了波普艺术的理念。随后，美国艺术家如安迪·沃霍尔、罗伊·利希滕斯坦、贾斯珀·琼斯等人将这一运动推向高潮，使波普艺术成为全球性的艺术现象。

波普艺术家常常选取日常生活中常见的物品和图像，通过重复同一图像或利用拼贴技术，强调图像的符号性和消费文化的无处不在，倾向于使用鲜艳的颜色和简化、平面化的图形，模仿印刷品的效果，部分艺术家采用丝网印刷等工业化复制技术，探索艺术创作与批量生产的关联，模糊原创与复制品的界限。

「延伸：安迪·沃霍尔的工作室，因其高度组织化、工业化的工作模式而得名，这里不仅是艺术创作的空间，也是社交聚会的场所，体现了波普艺术与商业、娱乐界的融合。沃霍尔广泛使用复制技术，让艺术创作能够像工业产品一样被大量生产，突出了波普艺术中的重复性和商品化特质。」

极简主义（Minimalism）

极简主义艺术起源于20世纪60年代的美国，艺术家如唐纳德·贾德、卡尔·安德烈、丹·弗拉文等，通过使用工业材料和重复的几何形状创作出具有严格结构的作品,标志着极简主义艺术的兴起。极简主义的核心在于"少即是多",它倡导通过减少物质和视觉上的杂乱,使观者或实践者能够更加专注于事物的基本形态、空间的本质和思想的深度。

极简主义的特点在于采用最基本的形式和元素,使用黑、白、灰或其他单一色彩,倾向于使用未经加工或工业感的材料,强调作品与其所在空间的关系,常常让作品与观者周围的空间产生对话。在设计领域,强调功能性,去除所有非必要的装饰。代表人物有唐纳德·贾德、艾格尼丝·马丁、小野洋子和卡尔·安德烈等。

「延伸:唐纳德·贾德,作为美国极简主义雕塑家,其作品大多数以"无题"命名。作品通常采用非天然的材料,如不锈钢、有机玻璃等,以简洁的线条和形式,展现了艺术的纯粹性。作品名称的缺失,使得观众能够更加自由地解读作品,寻找自己与作品之间的联系。」

观念艺术(Conceptual Art)

观念艺术的萌芽可以追溯到 20 世纪 60 年代中期,尤其是在美国和欧洲。它是对之前艺术运动,如抽象表现主义和极简主义的一种回应,也是对艺术市场和传统艺术创作模式的批判。1967 年，索尔·勒维特发表的关于观念艺术的文章，标志着这一运动正式被命名和定义。

观念艺术作品的观念或想法是首要的，物理形式可能简化到最低限度，甚至不存在；创作过程、计划、指令和观念的文档往往比实际的物理作品更重要；许多观念艺术作品依赖于语言、文字、行为或思想的交流；观众的思维参与和对作品概念的理解成为观念艺术的关键部分；作品经常包含对艺术体制、商业化的艺术市场以及传统艺术观念的批判。代表人物有索尔·勒维特、约瑟夫·科索斯和劳伦斯·韦纳。

「延伸：约瑟夫·科索斯最著名的创作是《一把和三把椅子》，将一把真实的椅子、一张椅子的照片和词典中关于椅子的定义并置，探讨了现实、表象和概念的关系。」

大地艺术（Land Art）

大地艺术起源于 20 世纪中叶的美国和欧洲，是一种利用自然环境作为创作媒介的艺术形式，艺术家们在广袤的户外空间中直接创作，作品常常与地形、地质、季节变化等自然因素紧密结合，旨在探索自然与人类、艺术与生活的关系。

大地艺术作品使用泥土、石头、水、植物等自然元素作为主要创作材料；作品往往规模巨大，与自然景观融为一体，难以在传统艺术空间中展示；很多作品随时间和自然条件变化而改变甚至消失，强调艺术的瞬时性和过程性；部分作品鼓励观众亲自探索，通过身体的移动和感官体验来感知艺术。代表作品有罗伯特·史密森的《螺旋防波堤》，这是一个在犹他州大盐湖中用岩石构成的巨大螺旋形结构。瓦尔特·德·玛利亚的《闪电原野》，在一片原野布满金属杆，用以吸引并使闪电可视化。

「延伸：法国巴黎的凯旋门曾被已故的著名大地艺术家克里斯托夫妇包裹，这一名为《包裹凯旋门》的艺术项目花费了约 1400 万欧元，使凯旋门短暂"消失"在人们眼前。这一行为旨在唤醒人们对凯旋门、巴黎和生活环境本身意义的思考与追问。」

算法艺术（Algorithmic Art）

20 世纪 50—60 年代，随着计算机技术的初步发展，艺术家开始尝试用计算机生成图形和音乐，算法艺术的种子逐渐萌芽。随着编程语言的发展和计算机性能的提升,算法艺术开始在艺术界崭露头角,艺术家如曼弗雷德·莫尔等成为先驱。

算法艺术作品基于预设的规则生成,同时引入随机变量以增加不可预测性;通过调整算法参数,同一作品可以生成多种变体,展现多样性;算法不仅可以生成视觉艺术,还能应用于音乐、舞蹈、雕塑等多种艺术形式;许多算法艺术作品允许观众通过互动影响作品的表现,增强体验感。曼弗雷德·莫尔被誉为"数字艺术之父",其作品专注于几何抽象,如 Cubic Limit 系列,展现了算法生成的三维立方体结构。

「延伸:在早期计算机艺术实验中,由于硬件限制,一些作品的生成可能需要数小时甚至数天,艺术家们经常在晚上提交代码,第二天早上查看生成结果,一些微小的参数变化会产生巨大的差异,这展现出算法的复杂性和不可预测性。」

装置艺术(Installation Art)

装置艺术起源于 20 世纪 60 年代,与当时的波普艺术、极简主义、概念艺术等艺术运动密切相关。艺术家在画廊、博物馆乃至公共空间中实施大规模的装置项目,不仅限于室内,也扩展到户外,形成了公共艺术、大地艺术等分支。

装置艺术强调观众置身其中的体验，通过直接的物理和感官互动，让观众成为作品的一部分；艺术家与空间对话，通过对现有空间的改造或重新定义，传达特定的主题、情感或思想；装置艺术常融合多种媒介和技术，如雕塑、绘画、影像、声音艺术、表演等，体现了艺术的跨界性质。代表人物约瑟夫·博伊斯以其概念性和参与性的装置作品闻名，如《我爱美国，美国爱我》；草间弥生以其《无限镜屋》系列装置作品，探索重复与无限的概念；戈登·马塔·克拉克通过切割和重构建筑物，如《圆锥相交》，探索建筑空间的可能性。

「延伸：草间弥生的《南瓜》系列装置艺术，因其鲜明的黄色和黑色圆点图案，成为日本直岛的标志性景观，吸引全球游客打卡。这些南瓜不仅是艺术作品，也成为一种社会现象和旅游热点。」

欧普艺术（Optical Art）

欧普艺术，又叫作光效应艺术，是 20 世纪中期兴起的一种抽象艺术运动。其萌芽可以追溯到 20 世纪初的未来主义和构成主义运动，但作为一个明确的艺术流派，它在 60 年代初的欧美迅速崛起，尤其是在 1964 年

《时代》杂志首次使用"欧普艺术"这一术语后,该运动获得了国际性的关注。欧普艺术不仅是对抽象表现主义和波普艺术的一种反叛,也是当时科技发展、对光学和心理学研究成果的应用。

欧普艺术作品使用简洁、精确的几何形状和线条,通过对比、补色、色彩深浅变化或强烈色彩的并置来增强视觉效果,创造运动、振动、闪烁或深度错觉;采用绘图仪器如尺子、圆规等,精确计算图案布局。代表人物维克托·瓦萨雷里被誉为"欧普艺术之父",其作品如 Vega 系列展现了强烈的动态感和空间深度;布里奇特·赖利是英国女性艺术家,以黑白条纹和色彩渐变作品著称,代表作有《瀑布》和《方块律动》;朱利奥·勒·帕克是阿根廷艺术家,作品中大量运用镜面、动态装置,探索光线与运动的关系。

「延伸:维克托·瓦萨雷里早期从事商业设计工作,他在设计中发现特定的图案能引起观众的特殊视觉反应,这启发了他后来的欧普艺术创作。而布里奇特·赖利的一些作品曾因过于强烈,导致观众在展览中感到不适,甚至需要设立警告牌。」

解构主义(Deconstructivism)

解构主义起源于20世纪60年代的法国,最初作为一种哲学思想由雅克·德里达在《书写与差异》中提出,标志着解构主义哲学的诞生。后来扩展至文学批评、建筑、视觉艺术等多个领域。在文学理论领域,保罗·德曼、雅各布森等人将解构主义应用于文本分析;弗兰克·盖里、丹尼尔·李伯斯金等建筑师将解构主义理念融入建筑,创造了一系列打破常规、形态复杂的建筑作品;艺术家如辛迪·舍曼在摄影中运用解构手法探讨身份与表征问题;平面设计师则通过拆解传统视觉元素来创造新的视觉语言。

解构主义的主旨是对西方哲学传统中的二元对立思维模式(如主体与客体、内在与外在、中心与边缘等)提出挑战,主张所有文本、结构都包含自我矛盾和不稳定因素。它倡导一种"阅读策略",通过这种策略揭示出隐藏在表面之下的话语权力关系,并尝试打破这些关系以释放新的意义。

照相写实主义(Photorealism)

照相写实主义又称超级写实主义,诞生于20世纪60年代末的美国,这一运动是对波普艺术的延续,同时受到了摄影技术的影响。1972 年，艺术评论家和策展人路易斯·梅耶在惠特尼美术馆策划了"照相写实主义"展览，标志着这一运动获得了正式的认可。此外，梅耶所著的书籍《照相写实主义》进一步推广了这一风格。照相写实主义旨在探讨现实与再现之间的关系，以及摄影与绘画的界限。

照相写实主义的作品以惊人的细节复制照片，包括光影、纹理乃至镜头失真效果；观者常误以为是照片，直到近距离观察才能发现画笔的痕迹；艺术家们采用投影、网格法、喷枪等技术来增强作品的精确度。代表作品有查克·克洛斯的《大自画像》、理查德·埃斯特斯的《自动扶梯》、拉尔夫·戈因斯的《静物与镜子》、杜安·汉森的《旅行者》。

「延伸：许多照相写实主义的艺术家最初从事抽象艺术，后来转向这一风格，如查克·克洛斯，他早期作品为抽象表现主义，后因追求更加直接的表达方式而改弦易辙。一些照相写实主义作品因其高度的真实感，被用于创造公共空间中的错觉艺术，比如壁画，使得建筑物表面看起来像是真实的窗户或门户。」

后现代主义(Postmodernism)

后现代主义的种子在20世纪初已经萌芽,但直到20世纪60—70年代,这一思潮才真正兴起。早期的思想基础可以追溯到现象学、结构主义、解构主义等哲学运动,以及对现代主义理想和宏大叙事的批判。后现代主义反对现代主义所追求的普遍真理、客观性和单一叙事,主张真理的相对性、语言和文化的建构性,以及对权威的怀疑态度。

后现代主义强调拒绝任何一种思想或文化作为绝对中心;作品中常常包含对历史风格的引用和拼贴,模糊原创与复制的界限;作品通过夸张、模仿和讽刺来揭示现实的荒诞性;重视符号、象征和表象的意义,而非背后的本质或深层结构;倡导文化多元,接受并庆祝差异性。雅克·德里达、米歇尔·福柯、让-弗朗索瓦·利奥塔等是理论代表人物。艺术领域中,创作出《床》的罗伯特·劳森伯格、《无题电影剧照》的辛迪·舍曼、《悬挂的心》和《兔子》的杰夫·昆斯都是其代表人物。

「延伸:后现代建筑常因其装饰性、历史风格的引用和对功能主义的偏离而引发争议,比如菲利普·约翰逊的AT&T大厦顶部的"齐彭代尔式"尖顶就曾引起批评。后现代主义常被认为标志着"大叙述"(如历史进步论)的终结,转而关注个人故事和微观叙事。」

孟菲斯设计小组（Memphis Group）

1980年12月，意大利著名设计师埃托·索特萨斯和一群设计师在米兰的一次聚会中共同创立了孟菲斯设计小组。这次聚会标志着孟菲斯运动的诞生，其名字来源于鲍勃·迪伦的歌曲《再一次与孟菲斯蓝调一起被困在车里》。孟菲斯设计运动的核心理念是反对现代设计的严肃性和功能主义，提倡设计的趣味性、装饰性和个性化，强调设计应当表达情感、创造惊喜，而不是仅仅满足功能需求。

孟菲斯设计使用大胆、对比强烈的色彩；设计中融入不规则形状和图案，打破直线和几何规则，创造视觉上的混乱与和谐共存，不拘一格地使用各种材料，如塑料、金属、玻璃、陶瓷等，体现了设计的实验性和创新性；融合装饰艺术、波普艺术等多种设计元素，形成独特的后现代风格。埃托·索特萨斯的"卡尔顿书架"成为孟菲斯设计的标志性作品。迈克尔·格雷夫斯、娜娜·迪索扎等也是孟菲斯的关键成员。

「延伸：尽管孟菲斯小组只活跃了短短几年，但它对设计界的影响深远，许多成员后来成为设计界的重要人物。孟菲斯风格不仅限于家具和家居用品，还影响了时尚、平面设计、音乐甚至动画片，如《辛普森一家》中的室内设计就受到了孟菲斯风格的影响。」

生物艺术（Bioart）

生物艺术的概念在 20 世纪末至 21 世纪初开始兴起，2000 年的爱德华多·卡茨的荧光兔"Alba"是生物艺术领域内一个著名的案例，艺术家通过基因操作使兔子能够发出绿色荧光，引发了关于生物伦理和生物技术应用的广泛讨论。生物艺术旨在探索生命本质，挑战我们对生命的认知边界，同时反思科技发展对社会、伦理和自然环境的影响。它提出的问题包括：什么是生命？谁有权创造或改变生命？科技如何影响我们的审美观念？

生物艺术结合艺术、生物学、哲学、伦理学等多个领域；作品往往包含活的生物组织，强调生物过程本身作为艺术的一部分；生物艺术作品常因触及生物伦理和安全问题而引起争议。代表人物有创作出跨学科项目"Transgenic Art"（转基因艺术）的爱德华多·卡茨；联合创办了"Tissue Culture & Art Project"（组织培养和艺术项目），利用生物组织培养技术创作活体雕塑的奥龙·卡特斯与艾奥纳特·祖尔等。

「延伸：由于生物艺术作品往往涉及活体组织，如何在艺术展览中保持这些作品的存活状态成为一个独特挑战，有时需要特殊环境控制。某些生物艺术项目甚至鼓励观众参与，比如通过互动装置体验生命科学实验，这既是一种艺术体验，也是一种科学教育。」

时基艺术（Time-Based Art）

时基艺术的发展可以追溯到 20 世纪初现代主义运动，特别是达达主义和构成主义对时间和空间的重新思考。电影艺术的诞生（1895 年卢米埃尔兄弟拍摄的影片公开放映）标志着时基艺术的一个重要起点。

时基艺术强调时间是作品存在和感知的关键维度，作品的意义随时间的流动而展开；作品往往具有变化性，强调过程而非静止状态；时基艺术作品可以展现时间的连续流动，也可以聚焦于特定时间点的瞬间意义；很多时基艺术作品鼓励观众的参与和互动，使得观众成为作品体验的一部分。比尔·维奥拉被认为是时基艺术的先驱，其作品如《殉道者》探索生命、死亡和来世的主题。克里斯蒂安·马克雷的《时钟》也是这一艺术风格的代表作。

「延伸：时基艺术的极端例子是丹麦艺术家安德斯·韦伯格的《气氛》，长达 720 小时（即 30 天），声称是世界上最长的电影。」

镭射枪哥特式（Raygun Gothic）

镭射枪哥特式起源于 20 世纪中叶，这一风格得名于科幻小说和电影中常见的虚构武器——镭射枪，它融合了当时对太空探索、核能利用和未来科技的乐观愿景，以及艺术装饰运动和流线型设计的美学元素。早期的科幻杂志《惊异科幻》等，封面插画开始展现典型风格，预示着这一风格的诞生。

镭射枪哥特式通过夸张、理想化的未来科技和太空探索场景，反映了人们对于科技进步的浪漫想象，同时隐含对未知宇宙的好奇和对科技乌托邦的向往。其采用流线型、圆滑的外形，搭配大胆的色彩和金属质感，常有夸张的天线、穹顶和飞碟形状；融合了复古未来主义的元素，如齿轮、管道、阀门，以及原子符号和火箭造型。20世纪50年代，一些汽车设计师受镭射枪哥特式风格影响，创造了具有未来主义外观的"火箭车"，如Norman Timbs Special，它们成为汽车设计史上的独特篇章。

赛博朋克（Cyberpunk）

赛博朋克的概念脱胎于20世纪60—70年代的科幻小说新浪潮运动，探讨科技进步对社会和个人心理的潜在影响。1980年，美国科幻作家布鲁斯·贝斯克创造了"赛博朋克"一词，但这一流派真正获得广泛认知是在1984年，威廉·吉布森的小说《神经漫游者》出版。这部作品被视为赛博朋克文学的经典之作，为这一流派树立了标准。1982 年的电影《银翼杀手》尽管不直接自称赛博朋克风格，但它在视觉上定义了赛博朋克的美学，成为该主题的视觉里程碑。

赛博朋克通常关注技术失控导致的社会分化、权力滥用、个体身份危机及道德伦理的模糊界限。其作品特点表现为高度发达的科技与底层人民贫困生活的鲜明对比；政府或大企业控制下的腐败与监视；赛博格（半机械人）的概念，人类通过植入技术增强自身；虚拟现实或数字世界作为另一个重要舞台，反映现实世界的延伸和对抗；标志性的视觉元素包括霓虹灯、雨夜街道、密集的都市景观和未来感十足的设计。代表作品有威廉·吉布森的《神经漫游者》和《重启蒙娜丽莎》、菲利普·K.迪克的《仿生人会梦见电子羊吗?》《流吧，眼泪》等。

「延伸：《神经漫游者》不仅定义了赛博朋克文学，还影响了互联网文化的多个方面，包括对"网络空间"这一概念的普及。另外，虽然霓虹灯是赛博朋克视觉风格的标志性元素，但并非所有使用霓虹灯的作品都可归类为赛博朋克。」

赛博格（Cyborg）

赛博格这一概念最早由曼德雷德·克莱恩斯和内森·克莱恩在 1960 年提出，起初是为了描述人类与机器融合的未来宇航员。而这一概念在艺术领域的深入探讨始于 20 世纪后半叶，特别是受到唐娜·哈拉维的《赛博格宣言》（1985 年）的推动。哈拉维将赛博格看作一种解构性别、种族、物种界限的政治策略。赛博格艺术的核心在于探索人类与技术共生的可能性，质疑人类中心主义，强调生态系统的相互依存，并提出对技术依赖的社会批判。

赛博格通过展示身体的机械化或信息化，探讨技术如何改变人的感知、行为和自我认知；结合生物学、医学、工程学、哲学等领域的知识，创造出既超越现实又反映现实的作品；对未来社会的设想往往带有警示意味，对技术进步的后果进行反思。林恩·赫什曼·利森的作品展示了赛博格形象在图像艺术中的应用，她的作品探讨了性别、身份和科技的关系，为赛博格艺术提供了丰富的视觉语言。

「延伸：有些人认为，1978 年，一个名叫内尔·哈维森的人因先天色盲而植入了能够看到颜色的天线，成为世界上第一个被公开认可的赛博格。在时尚界，设计师们也开始探索赛博格艺术，如 LED 服装、智能饰品等，这模糊了时尚与科技的界限。」

暴力美学（Aestheticization of Violence）

暴力美学的概念起源于 20 世纪中后期，60 年代的美国社会动荡，包括反战运动、民权运动等，为暴力美学的诞生提供了社会背景。暴力美学旨在通过艺术手法探讨暴力的本质，以及其在社会、心理层面的复杂影响。

暴力美学作品利用慢动作、特殊光影、鲜艳色彩等手段增强视觉效果；将暴力场景处理得如同舞蹈般流畅，或是赋予其超现实的氛围；通过角色的塑造和情节设置，让观众在情感上与暴力行为产生共鸣，而非仅仅感到恐惧或反感；往往蕴含对人性、正义、复仇等主题的深层探讨。代表作有吴宇森的《英雄本色》，昆汀·塔伦蒂诺的《低俗小说》和《杀死比尔》，北野武的《花火》和《座头市》以及大卫·芬奇的《七宗罪》和《搏击俱乐部》等作品。

「延伸：吴宇森使用白鸽作为暴力美学的标志性符号，源自他对和平的向往，同时是一种对暴力与无辜之间强烈对比的视觉表达。而昆汀·塔伦蒂诺在电影中使用不合时宜的音乐，如在暴力场景中播放欢快的流行歌曲，则是增加场景的荒诞性和艺术效果。」

蒸汽朋克（Steampunk）

K. W. 杰特尔在 1987 年的杂志中首次使用"蒸汽朋克"一词，旨在描述他与提姆·鲍尔斯和詹姆斯·布莱克的作品，这标志着蒸汽朋克作为文学流派的正式命名。这一描述的灵感源自 19 世纪的工业革命时期，特别是维多利亚时代，那时蒸汽动力技术正处于鼎盛时期。然而，蒸汽朋克并非对历史的复现，而是将这一时期的技术、社会结构与现代或未来的科技概念相结合，创造出一个充满想象力的架空世界。蒸汽朋克主要探讨的是科技与社会的互动，尤其是在一个假设的历史背景下，强调个人创新与对抗集权的主题。

蒸汽朋克强调复杂的机械构造，如大齿轮、黄铜配件、暴露的管道和蒸汽驱动装置；结合维多利亚时代的文化元素与超前的科技设想；故事背景常设定在一个科技高度发达但社会结构复杂的架空世界，既有科技带来的进步也有其副作用；从发明家、探险家到科学家，角色多样化且常带有叛逆精神。《天空之城》《地狱男爵》《蒸汽男孩》和《生化奇兵》都是蒸汽朋克风格的代表。

「延伸：柴油朋克，是蒸汽朋克的姊妹风格，关注20世纪初至中叶的柴油动力技术和艺术装饰风格。此外还有钟表朋克，更专注于早期机械技术，如发条和齿轮，故事通常设定在文艺复兴时期。」

虚拟现实艺术（Virtual Reality Art）

虚拟现实艺术的概念可以追溯到20世纪80年代末至90年代初。艺术家夏尔·戴维斯创作的《渗透》和《无常》开启了艺术家探索虚拟空间深层感知体验的先河，它们让参与者通过虚拟现实头盔沉浸在抽象的自然环境中，体验深度的感官沉浸。虚拟现实艺术致力于探索虚拟空间中的感知、存在和交互，挑战传统艺术形式的边界，提供沉浸式、多感知的艺术体验。

虚拟现实艺术使观众能够置身于艺术家创造的虚拟世界中，观众不再是被动的观察者，而是能够与虚拟环境互动，影响作品的表现或进程，同时也鼓励艺术家利用新技术进行前所未有的艺术实验和表达。代表性作品有劳里·安德森的《沙中房间》，以及奥马尔·法斯特的《看不见的手》。

「延伸：早在1969年，艺术家迈伦·克鲁格就开始探索互动艺术，他的《流动的光亮》可以被视为虚拟现实艺术的先驱。」

沉浸式艺术（Immersive Art）

沉浸式艺术的起源可以追溯到 20 世纪初的先锋艺术运动，它让观众能够完全融入其中，体验艺术作品所传达的情感、信息和意义。进入 21 世纪后，沉浸式艺术得到了更广泛的发展和应用。例如，"遇见莫奈：沉浸式光影艺术展"通过数字多媒体技术渲染，结合声、光、影的精湛呈现，打造近 1000 平方米的沉浸式光影艺术空间。此外，如"只有河南·戏剧幻城"等作品，也通过沉浸式戏剧艺术的手法，让更多人感受到戏剧文化的魅力。

它通过利用多种技术手段，如 VR、AR、投影映射、声音装置等，打破传统艺术与观众之间的界限，让观众在获得感官体验的同时与作品产生互动，进而引发共鸣。草间弥生的《无限镜屋》利用巨大镜面反射变幻的彩色光点和堆积的雕塑，在无限延伸空间的同时，让观众完全沉浸在艺术家所创造的梦境般的艺术世界中。艺术团队兰登国际代表作《雨屋》通过模拟下雨的场景，让观众在不被雨水打湿的情况下感受雨天的氛围，引发观众对自然和生命的思考。

「延伸：沉浸式艺术不仅限于视觉和听觉的体验，有些作品还融入了触觉、嗅觉甚至味觉的元素，让观众在全方位的感官体验中更深入地感受艺术作品。」

合成器浪潮（Synthwave）

合成器浪潮起源于 21 世纪初，特别是受到法国浩室（House）音乐场景的影响。它是对 20 世纪 80 年代文化的怀旧，包括电影、电视、电子游戏和音乐。早期的推动者如凯文斯凯和蠢朋克乐队在他们的作品中融入了强烈的 80 年代合成器音色，为这一流派奠定了基础。随后，通过网络社区如 Soundcloud 和 YouTube，合成器浪潮迅速传播并发展成为一种全球现象。

合成器浪潮以模拟合成器为主要音色，融合 20 世纪 80 年代的电子舞曲、流行音乐、电影配乐元素，强调旋律性和节奏感；常伴随霓虹色彩、复古未来主义、经典汽车、科幻电影海报等视觉元素；传达怀旧、追忆和对未来想象的情感，营造一种梦幻而又略带忧郁的氛围。代表性作品有凯文斯凯的 *NightCall*、科姆·特鲁斯的 *Galactic Melt* 和米奇·穆尔德的 *Interceptor*。

「延伸：合成器浪潮的一个子类型被称为"Outrun"，得名于 1986 年的街机游戏 *Outrun*，游戏中的音乐和视觉风格对这一流派有着显著影响。」

超扁平主义（Superflat）

超扁平主义由日本艺术家村上隆于 2000 年初提出，

并在 2001 年正式命名和定义。这一艺术运动是对日本战后文化特别是动漫与流行文化的深度反思,同时也是对西方艺术界的一种回应,尤其是对西方看待日本艺术时常常标签化的"东方主义"视角的挑战。

超扁平主义旨在揭示日本文化中"二维性"的本质,即无论是高雅的传统浮世绘,还是大众的动漫文化,都体现出一种去深度的、平面化的美学特征。它探讨了日本大众文化与高雅艺术之间界限模糊的现象,以及消费主义对艺术创作的影响。村上隆作为超扁平主义的创始人,他的作品如"太阳花""Mr. Dob"等,已成为该运动的标志性符号。埃米尔·厄伦德是瑞典新锐艺术家,虽然不是超扁平主义的发起者,但他的作品通过"超扁平"手法,如骷髅战士的形象,展现了这一风格的视觉冲击力和对流行文化的引用。

「延伸:村上隆不仅是艺术家,还是策展人、批评家和理论家,他撰写的文章和著作对超扁平主义的理论构建起到了关键作用。」

故障艺术(Glitch Art)

故障艺术起源于 20 世纪末至 21 世纪初的数字时代,随着计算机和互联网技术的普及,电子设备的偶然故障或人为干预产生的视觉异常开始被艺术家们视为一种新的美学表达方式。故障艺术的起源难以精确追溯到单一事件，但韩裔美籍艺术家白南准 1965 年的作品《磁铁电视》被认为是故障艺术的先驱，他通过在电视上放置磁铁来干扰信号，创造出随机的视觉效果。故障艺术旨在探索数字媒介的极限，通过揭示技术失误或故意篡改数据来挑战观众对完美和控制的期待，提倡对偶然性和不确定性美学价值的认可。

故障艺术利用数据损坏、编码错误、信号干扰等手段创造独特的视觉或听觉效果；作品往往具有不可预测性，每一件作品都是独一无二的实验结果；部分故障艺术作品还包含对技术依赖、信息过载及数字时代文化现象的批判性思考。

「延伸：许多艺术家从日常生活中遇到的技术故障中汲取灵感，比如电视雪花屏、电脑蓝屏等，这些被视为故障艺术的原始形态。随着故障艺术的流行，出现了专门的软件和应用程序，让非专业用户也能轻松创作故障艺术作品，如 Glitché 等应用。」

新丑风（New Ugly）

新丑风作为一种设计风格，兴起于 21 世纪初，特别是在 2010 年至 2020 年，它逆设计界的传统审美趋势而行，强调个性、反常规和对传统美学标准的挑战。这一风格的出现，部分归因于对过度精致和同质化设计的反叛，以及互联网文化中对"土味""审丑"趣味的接纳和推崇。新丑风的核心在于打破传统审美观念，通过故意"丑化"设计，探索视觉表达的新边界，强调个性、原创性和真实性，挑战观众对美的固有认知。

新丑风设计故意使用不协调的颜色、形状和排版，打破视觉平衡；追求未经雕饰的真实感，不刻意追求视觉上的完美；强调设计师个人风格和情感的直接传达，而非迎合大众审美；常含有戏谑和讽刺元素，用以反映社会现象或文化态度。日本平面设计师高田唯是新丑风最具代表性的设计师之一。他的作品挑战了传统设计的美学规范，通过看似粗糙、随意的排版和元素组合，展现出一种独特而富有表现力的风格，从而激发了新丑风的流行。

「延伸：在中国，椰树牌椰汁的包装被一些人视为新丑风的代表，其设计使用 Word 风格的字体、艳丽的颜色搭配，虽被一些人批评为"土"，却因其独特性而备受关注。」

蒸汽波（Vaporwave）

蒸汽波音乐起源于2010年初的互联网社区中，最初在在线音乐论坛和博客上作为一种实验性音乐风格出现。它受到了赛博朋克、复古未来主义以及20世纪80年代和90年代日本及美国流行文化的强烈影响。2010年至2011年间，艺术家通过Bandcamp、YouTube等平台发布蒸汽波音乐，如拉莫娜·泽维尔（Ramona Xavier, 也被称为Vektroid）的*Floral Shoppe*，尤其是其中的单曲《リサフランク420 / 現代のコンピュー》成为蒸汽波的标志性曲目。

蒸汽波艺术常被解读为对消费主义、复古未来主义和数字时代怀旧的情绪，同时是一种对过去流行文化的重新解构和再创造。在音乐上通过慢放、重复、切片和重混80年代、90年代的音乐样本，如爵士、放克、R&B、Smooth Jazz和商场背景音乐，创造出一种迷幻、梦幻般的效果。视觉艺术方面，追求低保真效果，采用复古电脑图形、日本动漫片段、经典广告和公司标志的拼贴，通常呈现为粉色、蓝色和紫色的霓虹色调。代表作品有拉莫娜·泽维尔的*Floral Shoppe*和Esther's系列；詹姆斯·费拉罗（James Ferraro）的专辑*Far Side Virtual*；丹尼尔·洛帕廷（Daniel Lopatin）的作品

Chuck Person's Eccojams Vol. 1 等。

「延伸：蒸汽波音乐常被形容为"购物商场音乐"，因为它常常取样自20世纪80、90年代商场和电梯中播放的轻松音乐。许多蒸汽波艺术家使用匿名或假名，这与运动中对数字身份和虚拟现实的探索契合。」

像素艺术（Pixel Art）

像素艺术的起源可以追溯到20世纪70年代末至80年代初，随着第一代家用游戏机（如雅达利2600）和个人电脑的出现，由于当时硬件的限制，图形必须以低分辨率和有限的颜色来呈现，这催生了像素艺术的最初形态。到了80年代末至90年代，随着任天堂NES、世嘉MD等游戏机的流行，像素艺术进入黄金时期。《超级马里奥兄弟》《塞尔达传说》《最终幻想》系列等经典游戏中的角色和场景成为像素艺术的代表作。进入21世纪，尽管图形技术已经能够实现高度逼真的画面，但像素艺术作为一种怀旧风格和独立游戏开发中的艺术选择，迎来了复兴。

像素艺术旨在在有限的像素数量和色彩范围内创造丰富的细节和深度，强调清晰、定义明确的边缘，使图像即使在小尺寸下也能保持辨识度，同时努力激发对早期电子游戏和计算机时代的回忆,具有强烈的文化和情感共鸣。

复古未来主义(Retrofuturism)

《纽约时报》在1983年首次提出"复古未来主义"这一概念,但它的根源可以追溯到更早,如20世纪30年代苏联的《青年技术》杂志,该杂志对未来科技的描绘影响了西方的科幻创作。但作为一个明确的艺术和文化运动,则是在20世纪80年代末至90年代兴起。复古未来主义反思和重构过去的未来愿景,探讨如果过去的科技幻想成真,世界将会怎样。它既包含对过去的怀念,也有对未能实现的乌托邦或反乌托邦梦想的探索。

复古未来主义通过结合历史元素与未来科技,创造一种既熟悉又陌生的视觉效果;涵盖从蒸汽朋克的维多利亚时代科技,到柴油朋克的工业革命后期,再到原子朋克的核能时代风格。代表性作品有赛得·米德的插画作品《银翼杀手》、宫崎骏的《风之谷》和《天空之城》,以及作家J. G. 巴拉德的《水晶世界》。

「延伸:20世纪60年代的美国动画《杰森一家》展现了一个充满先进科技的未来家庭生活,成为复古未来主义文化中的一个经典符号。」

太阳朋克(Solarpunk)

太阳朋克的概念最早出现在 Reddit 这样的网络平台上,它作为对传统悲观主义科幻如赛博朋克的反叛而诞生。它描绘了一个积极乐观的未来愿景,其中科技与自然和谐共存,人类社会成功应对了气候变化、环境污染等紧迫问题,实现了可持续发展。奥莉维亚·路易丝的太阳朋克美学概念图和亚当·弗林在 2019 年发表的《太阳朋克宣言》等,标志着太阳朋克作为文学和艺术流派的正式确立。

太阳朋克强调使用可再生能源,尤其是太阳能,以及生态友好的生活方式和技术;强调科技不是孤立的,而是与自然环境和社会伦理紧密相连,在服务于提高生活质量的同时保护地球;受新艺术运动影响,融合自然元素与未来科技感,展现清洁、明亮、生机勃勃的视觉效果。奥莉维亚·路易丝、法兰克·洛伊·莱特和博埃里工作室等的作品经常被作为太阳朋克的典范。

「延伸:太阳朋克很大程度上是由中低阶层推动的,它的理念和实践往往源自民众对环境问题的关切和对美好未来的向往。」

原子朋克（Atompunk）

原子朋克起源于 20 世纪中叶，特别是二战结束后到 60 年代的"原子时代"，这是一个对核能和太空探索充满无限遐想和乐观期待的时期。这一风格在后来的文化创作中逐渐被提炼和回顾，形成了一种独特的复古未来主义流派。

原子朋克通常探讨原子时代科技的双刃剑特性——既是人类进步和探索宇宙的希望所在，也是带来潜在毁灭性后果的源头。它反映了那个时代对核能的敬畏、恐惧和迷恋。作品采用鲜明的色彩、光滑的线条、复古的未来主义设计，常结合苏联共产主义美学和美国 20 世纪 50 年代的乐观主义；强调核能应用、早期电子计算机、喷气推进技术和初步的太空旅行；常设定在冷战背景下，探索核战后的世界、秘密实验、超级大国竞争以及科技与社会控制的关系。代表人物有空山基，以其未来主义的机器人和性感金属质感的机械设计著称。2023 年推出的游戏《原子之心》也是新原子朋克的代表。

「延伸：现实世界中的一些未完成或废弃的核设施，如乌克兰的切尔诺贝利核电站和美国的三哩岛核事故现场，成为原子朋克文化中现实世界的象征和素材来源。」

弥散风（Diffuse Style）

弥散风作为一种新兴的设计风格，主要在21世纪第二个十年末至第三个十年期间逐渐兴起，特别是在数字艺术、平面设计、海报设计以及UI/UX设计领域。社交媒体平台如Instagram、Pinterest和小红书等，成为弥散风设计作品传播的重要渠道。

弥散风的最大特点是色彩的渐变处理，颜色之间的过渡柔和而细腻，创造出梦幻般的视觉效果；在渐变的基础上，常加入轻微的噪点效果，增加画面的质感和复古气息，使设计作品更显层次；利用光线的弥散效果，结合透明或半透明的元素，营造出空间感和深度，给人以梦幻、柔和的感受；在设计元素的选择上，倾向于使用简单图形和柔和的轮廓线，与整体的弥散氛围相协调。

饱和色块风（Saturated Color Block Style）

饱和色块风起源于20世纪初的现代主义艺术运动，尤其是荷兰的"风格派"和俄国构成主义，这些艺术流派倡导使用纯粹、基本的几何形状和鲜明的色彩。如蒙德里安的作品，以其标志性的红、黄、蓝大色块，为饱和色块风奠定了基础。

饱和色块风使用高饱和度的颜色,创造出生动、醒目的视觉效果,能够迅速吸引观者的注意力;结合简单的几何形状,如方形、圆形等,强调形式的纯粹性和色彩的独立性;通过对比强烈的色彩组合寻求视觉张力,同时保持色彩间的某种和谐,达到既有冲击性又舒适的观感体验。

「延伸:在设计中,饱和色块不仅仅是装饰元素,更是传递信息、划分空间、引导视觉流动的功能性手段。饱和色块因其视觉冲击力强,常被用作广告设计中的关键元素,有效提升了广告的辨识度和记忆度。」

视觉噪声(Visual Noise)

视觉噪声这一概念最早在心理学和信号处理领域被提出,随着视觉艺术、设计理论以及认知科学研究的发展,它逐渐成为艺术创作和设计实践中一个重要的概念。

视觉噪声往往表现为无规律的像素、斑点、线条或色彩,增加了视觉信息的复杂性和不确定性。在某些艺术创作中,视觉噪声被用作增加感官刺激、引发观众情感反应或审美体验的手段。代表人物有科里·阿肯吉尔等,他们通过故意损坏数据或操纵电子设备,创作出包含视觉噪声的数字艺术作品。

「延伸：有研究指出名画《蒙娜丽莎》的神秘微笑可能部分归因于视觉噪声的效应，即大脑在处理视觉信息时受到的干扰，导致观众对表情解读产生差异。」

图形风格（Graphic Style）

图形风格设计历史悠久，其发展脉络可以追溯到古代文明中的象形文字和装饰艺术。进入 20 世纪，现代主义、包豪斯运动、波普艺术等艺术风格极大地丰富了图形设计的表现形式，随后的数次技术革命更是极大地拓展了设计的边界和可能性。图形风格设计的核心在于通过视觉元素（如形状、颜色、纹理、字体）传达特定的信息、情绪或品牌身份。它的主旨是创造既有吸引力又易于理解的视觉信息，以达到沟通的目的。

图形风格涵盖从传统到现代，从手绘到数字创作的各种风格；注重设计的功能性和实用性，确保信息的有效传达；鼓励融合不同文化元素，通过独特的视觉语言吸引观众，反映社会背景和时代精神。

「延伸：有效利用负空间（设计元素之间的空白区域）创造出双重意象，是图形设计中的经典技巧，如 FedEx 的标识中的箭头。」

C4D 风格（C4D Style）

C4D 风格，即受到 Cinema 4D 软件影响的三维设计风格，是一种在视觉传达、广告、动态图形、影视特效等领域广泛流行的创作趋势。设计师们利用 C4D 创造出具有强烈视觉冲击力的三维图形，如未来感的几何形态、抽象流动的动态效果，推动了这一风格的普及。C4D 风格强调创意表达、视觉冲击力和技术创新。

C4D 风格利用 3D 建模技术，创造出具有深度和真实感的图像与动画，借助 C4D 的强大渲染引擎，实现细腻的光影互动，增强视觉吸引力；动态效果流畅且富有变化，常用于制作片头动画、转场效果等；偏好使用抽象元素、未来主义设计，表达现代科技感和超现实意境。

奶油风格（Cream Style）

奶油风格，作为一种室内设计和装饰风格，源于法国乡村风格，融合了浪漫主义与古典优雅，近年来尤其受到追求温馨、雅致生活氛围人群的喜爱。它的魅力在于其柔和的色彩搭配、精致的细节处理和对舒适度的强调。特别是在近年来，随着 Instagram、小红书等社交平台的兴起，奶油色系的家居图片因其视觉上的柔和与温馨而广受欢迎，间接推动了奶油风格的普及。

奶油风格以奶油色（一种接近白色但略带温暖黄色调的颜色）为主，辅以淡粉、米色、灰色等柔和色彩，营造出温馨舒适的氛围；偏好自然材质，如棉麻织物、木质家具、大理石台面等，强调触感的舒适与自然美；注重精致的装饰细节；强调自然光的引入；选择曲线优美的家具，搭配复古或仿古装饰品增添浪漫气息。

透明风格（Transparent Design）

透明风格在设计领域中主要指代一种强调光线穿透、视觉通透和材料透明度的设计理念，它跨越建筑、室内设计、产品设计等多个领域，旨在创造开放、轻盈、现代感强烈的空间或物品。1963年，柯林·罗和罗伯特·斯拉茨基在《透明性》一书中正式提出了"透明性"这一概念，它不仅仅是物理上的透明，更是一种设计思维，影响了之后的建筑和设计实践。进入21世纪，透明设计与数字化、可持续性理念结合，探索更多元化的表达，如智能调光玻璃、彩色透明屏等高科技产品的应用。

透明风格通过透明材质的运用，打破内外界限，增加空间的流动性与视觉延伸；透明材料减轻了物体的视觉重量，赋予设计以轻盈、现代的感觉；利用透明材质捕捉和反射光线，创造丰富的光影互动，增强空间的戏剧性和美感。代表有苹果公司的 iMac G3、iPod Nano 和菲利普·斯塔克的 Louis Ghost 椅等产品。

「延伸：乔纳森·艾维领导下的苹果产品设计，如 iMac G3，其半透明的外壳设计引领了消费电子产品设计的透明风潮。」

玻璃拟态设计（Glassmorphism）

玻璃拟态，又称为玻璃质感设计或新拟态风格，是近年来在用户界面（UI）设计领域迅速崛起的一种视觉风格。它模拟了玻璃或透明塑料的质感，通过透明度、阴影、模糊效果和光照来创造一种深度感和空间层次，为界面带来独特且现代的外观。玻璃拟态风格的兴起与现代数字设备的界面设计需求密切相关，尤其是智能手机和平板电脑的普及。它受到苹果公司在 macOS Big Sur 操作系统中的设计影响，该系统首次大规模展示了这种风格。大约从 2020 年起，玻璃拟态开始受到广泛关注，成为设计界的一股新潮流。

玻璃拟态设计的核心在于通过不同程度的透明度和背景模糊来模拟玻璃或塑料材质的视觉效果，为界面增加深度；利用光影来增强物体的立体感，模拟真实世界中的光照效果；通过上述视觉手段，创造出界面元素的前后层次，使界面看起来更有空间感；通常采用柔和的色彩搭配，强调色彩的通透感，以及与背景的和谐融合。

「延伸：实现玻璃拟态效果时，设计师需要平衡视觉美感与功能可用性，过度的透明和模糊可能导致信息识别困难。在 Web 设计中，CSS 的 Backdrop-Filter 属性是实现玻璃拟态效果的关键技术之一，它允许在元素背后应用滤镜效果。」

合成波风格（Synthwave Aesthetic）

合成波音乐风格在 20 世纪 80 年代初就已经存在，但作为一种独立的视觉艺术风格，它大约在 2010 年左右兴起，伴随复古电子音乐的复兴，特别是通过网络平台如 YouTube 和 Soundcloud 传播开来。

合成波风格融合了 80 年代对未来世界的想象与现代审美，创造出既复古又超前的视觉效果；常用霓虹色调，如粉红、蓝色、紫色和青绿色，营造出夜幕下都市的科幻氛围；大量使用直线、斜线、三角形等简洁几何形状，结合强烈的光影对比和光晕效果；复古计算机图形、像素艺术、老式汽车、录像带和游戏机等元素，唤起对 80 年代文化的记忆。代表人物有米奇・穆尔德等，作品有 *Power Glove* 及其专辑和封面、《撤退》等。

「延伸：《创：战纪》这部 2010 年的电影复兴了 80 年代的未来主义视觉风格，对合成波视觉艺术有所推动。艺术家通过 Instagram、Tumblr 等社交媒体平台分享作品，促进了合成波风格的传播和流行。」

荧光镭射风格（Fluorescent Laser Style）

荧光镭射风格的兴起可以追溯到 20 世纪 80 年代，那时电子音乐、迪斯科文化和夜店文化的繁荣带动了对视觉冲击力强的设计需求。这种风格强调鲜艳的色彩、强烈的对比以及未来主义的视觉效果，常与电子舞曲、复古未来主义和赛博朋克文化相联系。

荧光镭射风格使用高饱和度的荧光色，如霓虹绿、电光蓝、粉红等，创造强烈的视觉冲击；模仿镭射光的线条、散射和折射效果，营造出迷幻、科技感十足的视觉体验；结合未来主义的构想与复古的视觉元素，创造出既有怀旧感又不失前卫感的风格；在数字媒体中，常加入动画和交互设计，让荧光镭射风格不仅仅是静态的视觉享受。Coachella、Tomorrowland 等大型音乐节的视觉设计，经常采用荧光镭射风格的舞台布置和视觉效果，成为该风格的标志性展示平台。设计师如杰瑞米·史考特、王大仁等在他们的系列作品中融入荧光镭射元素，通过服装、配饰传递未来感和叛逆精神。

「延伸：虽然没有特定的某位艺术家完全代表荧光镭射风格，但在诸如田名网敬一等艺术家的作品中，可以看到这种风格的影子。」

多巴胺风格（Dopamine Style）

多巴胺风格是一种设计、时尚及生活理念，灵感来源于神经递质多巴胺对人的正面情绪影响，旨在通过视觉、触觉和整体氛围营造愉悦、活力和幸福感。2020年后，随着Instagram、小红书等社交平台上用户分享色彩鲜明、设计活泼的内容增多，多巴胺风格逐渐受到关注。疫情期间，人们对居住环境有了新的需求，追求能够提振情绪、增加生活乐趣的设计，多巴胺风格的室内装饰因此受到青睐。

多巴胺风格偏爱高饱和度、对比鲜明的色彩组合，如粉色、橙色、黄色等，这些颜色被认为能激发快乐和积极情绪；利用大胆的图案、几何形状和撞色设计，创造视觉上的动感和活力；偏好光泽感强的材料，以及通过自然光和人工照明的巧妙运用，营造出明亮、通透的空间感；强调设计中的趣味性和个性化元素，鼓励自由搭配，打破传统规则，创造独特而乐观的视觉语言。(G)I-DLE等K-POP团体的造型师和设计师通过其舞台服饰和音乐视频造型，展现了多巴胺风格的穿搭。在数字艺术领域，AI绘画等新兴技术被用于创作充满多巴胺风格的图像。

「延伸：虽然风格本身不能直接释放多巴胺，但设计中的色彩和形状确实能影响人的情绪，与多巴胺带来的正面情绪体验相似。」

设计概念的繁荣

空气动力学设计（Aerodynamics Design）

空气动力学作为一门科学，起源于18世纪末至19世纪，但其实际应用直到20世纪初才开始显著发展，尤其是在莱特兄弟成功试飞第一架飞机之后，空气动力学成为航空领域不可或缺的部分。世界上第一个风洞由英国科学家建立，这标志着实验空气动力学的诞生；战争期间对高性能飞行器的需求激增，促使空气动力学设计迅速进步，如流线型机身、后掠翼等设计的应用，这些设计大大提高了飞机的速度和机动性；随着计算机模拟技术（如计算流体动力学）的进步，空气动力学设计进入了一个新阶段，使得设计师能在虚拟环境中测试和优化设计，降低了开发成本，加速了设计迭代。

空气动力学设计旨在通过流线型设计减少物体前部的压差阻力和后部的摩擦阻力，以提高速度和燃油效率；通过翼型设计增加升力，确保飞行稳定性；利用气流分离、涡流发生器等技术，控制气流以优化操控性或冷却系统效能。奥托·李林塔尔被誉为"滑翔机之父"，他的滑翔机设计和飞行实验为后来的空气动力学研究奠定了基础。凯利·约翰逊是洛克希德公司的传奇设计师，设计了P-38闪电战斗机和U-2侦察机等，这些设计也体现了先进的空气动力学理念。

「延伸：许多汽车的倒车镜边缘有小突起，这是为了引导气流，减少风噪和风阻。现代大型客机翼尖上常有小翼，它们能有效减少翼尖涡流，从而降低油耗。」

仿生设计学（Bionics Design）

仿生学设计是将生物学原理、结构和功能应用于工程和设计领域，以解决人类问题和创造新颖产品。尽管人类长久以来从自然中获取灵感，但仿生学作为一个明确的学科概念始于 20 世纪 60 年代，特别是 1960 年全美第一届仿生学讨论会的召开，标志着仿生学的诞生。

仿生学设计的核心在于从自然界的生物结构、过程和生态系统中寻找解决方案，实现功能优化和能源效率；要求生物学、工程学、设计学等多领域专家的紧密合作，共同探索和实现自然原理的工程应用；强调设计的生态友好性，追求与自然和谐共存，减少对环境的影响。珍妮·本尤斯（Janine Benyus）的著作《仿生学：受自然启发的创新》（1997 年）推动了仿生学设计理念的普及。

生物形态学（Biomorphism）

生物形态学，或生物形态设计，是一种艺术和设计风格，灵感来源于自然界中的有机形态、生物结构和生长过程。它强调流畅的线条、非线性形状、曲线和形态的不对称性,旨在将自然界的生机与活力融入人工制品的设计。生物形态学的概念可以追溯到史前艺术,20世纪初,随着现代主义艺术运动的兴起,艺术家们开始更加抽象地探索有机形态,如俄罗斯先锋派的瓦西里·康定斯基和英国雕塑家亨利·摩尔的作品。20世纪30年代,超现实主义艺术家如萨尔瓦多·达利通过梦境般的生物形态设计,探索潜意识与自然界的联系。20世纪中后期,随着有机设计和生态设计的兴起,生物形态学在家具设计、建筑和工业设计中得到广泛应用,如查尔斯·伊姆斯和埃罗·沙里宁的作品。

生物形态学的核心在于从自然界中汲取形态和结构灵感,创造出具有生命感的设计;强调曲线、流动性和非直线形态,传达一种柔和、连续和动态的视觉感受;往往通过抽象化的生物形态表达情感、象征意义或探索自然与人类的关系;倾向于使用自然材料或模仿自然质感的合成材料,增强设计的生物感觉。代表作品有亨利·摩尔的《斜倚的人形》、埃罗·沙里宁的"郁金香椅"和扎哈·哈迪德的广州大剧院等。

生物降解设计（Biodegradable Design）

生物降解设计是一种设计策略，致力于开发在自然环境中可以被微生物分解，最终回归自然生态循环的产品和材料。20 世纪中叶，随着塑料使用的激增和环境意识的抬头，对可降解材料的研究兴起。1925 年，法国微生物学家莫里斯·勒莫尼（Maurice Lemoigen）首次分离取得了第一种热塑性生物降解材料——聚羟基丁酸酯(PHB)。进入 21 世纪，Natureworks 公司将 PLA（聚乳酸，一种来源于玉米淀粉的可降解生物材料）广泛应用于包装和纺织品。欧盟在 2004 年通过了关于包装和包装废弃物的指令，鼓励使用可回收和可降解材料，为生物降解设计提供了政策支持。

生物降解设计的核心目标是减少对环境的负担，确保产品在使用寿命结束后能迅速自然分解；开发新型生物基材料；设计过程中考虑产品的整个生命周期，从原料获取到废弃处理，确保每个环节的环境影响最小化；追求在不牺牲性能的前提下实现生物降解，使产品在功能性和环保性之间找到平衡。

「延伸：Ecovative Design 的蘑菇包装因其独特性和环保性，曾被《时代》杂志评为 2008 年最佳发明之一。」

有机设计(Organic Design)

有机设计是一种设计哲学,强调设计应如同自然界中的有机体一样,展现出生长、变化和与环境的和谐共生。有机设计的概念可追溯至19世纪末至20世纪初,美国建筑师弗兰克·劳埃德·赖特是这一理念的先驱,其作品"落水山庄"体现了与周围环境无缝融合的有机设计哲学。

有机设计灵感直接来源于自然界,形态模仿生物的流动性和生长规律;强调设计的各个部分作为一个有机整体的统一性,各元素相互关联,不可分割;追求设计的功能性和美学价值的平衡,形态服务于功能,同时体现美感;设计应与环境和谐共存,尊重并利用现有条件,减少对环境的冲击。

「延伸:有机设计不仅模仿自然形态,还常常采用先进的技术和材料来实现这些形态,比如3D打印技术在当代有机设计中的应用。」

可持续设计(Sustainable Design)

可持续设计是一种将环境保护、社会责任与经济效益相结合的设计哲学和实践方法,旨在创造长期有益于地球生态和人类福祉的产品、服务和系统。20世纪中叶,随着环境问题日益凸显,如蕾切尔·卡森的《寂静的春天》(1962年)等作品唤起了公众对环境保护的意识,可持续理念开始渗透进设计领域。20世纪80—90年代,"绿色设计"概念兴起,提倡减少资源消耗、降低污染排放的设计策略,标志着可持续设计的初步实践。威廉·麦克唐纳与迈克尔·布朗嘉特两位作者在《从摇篮到摇篮:循环经济设计之探索》(2002年)一书中提出了循环经济的理念,主张设计产品时考虑其整个生命周期,对可持续设计领域产生了深远影响。

可持续设计强调在设计时综合考虑经济、环境和社会因素,寻求三者之间的平衡;采用生命周期评估(LCA)方法,从原材料提取、生产、使用到废弃的全过程考虑产品或服务的影响;减少资源使用,提倡使用可再生资源,减少废物产生;设计中尽量减少对环境的负面影响,比如减少污染、保护生物多样性。

「延伸:一些零能耗建筑设计能实现零能耗或净能量产出,如 Passive House 标准建筑,它们几乎不需要外部能源供应。」

绿色设计(Green Design)

绿色设计是一种旨在减少环境污染和资源消耗,同时提高产品在整个生命周期内的环境性能的设计理念。它强调在设计之初就将环境因素纳入考虑,以创造对环境影响最小化的产品和服务。1987年,联合国布伦特兰报告《我们共同的未来》提出了可持续发展的概念,为绿色设计提供了理论基础。同期,绿色和平组织等环保团体的活动,以及政府和企业的环保政策和标准(如ISO 14000系列标准)的出台,推动了绿色设计的快速发展。

绿色设计通过选择环保材料、优化设计减少材料用量、提高能效等措施,减少产品从生产到废弃的环境足迹;考虑产品的整个生命周期,从原料获取、生产、使用、维护到回收处理,力求对环境的负担最小化;促进资源的高效利用,如采用可再生资源,设计易于拆解和回收的产品;减少有害物质的使用,考虑设计的社会影响,促进公平贸易和工人权益。

「延伸:一些公司可能通过夸大其产品或服务的环保属性进行市场营销,这种做法被称为"绿色洗牌"(Greenwashing),是消费者需警惕的现象。」

再生设计(Regenerative Design)

再生设计是一种超越可持续性的设计理念,旨在通过设计过程不仅减少负面影响,还能积极恢复和增强自然环境和社会系统。它认为设计应是创造性的介入,帮助生态系统自我修复、促进生物多样性,并增强社区的复原力。20世纪90年代,随着可持续发展思想的深化,一些先驱开始探索超越"减少伤害"的设计理念,再生设计的思想开始萌芽。约翰·T. 伦纳德在其著作《人类生态系统设计》(1985年)中首次提出"再生设计"的概念,但该术语直到2007年左右才得到更广泛的讨论和应用。

再生设计的核心在于采取积极行动,通过设计促进生态和社会的正面变化;采用整体性和系统性的方法,理解并干预复杂的生态和社会系统;设计应与自然过程协调,促进生物多样性,增强生态系统的生产力和服务;重视社区成员的参与,确保设计项目能反映当地文化和需求,增强社区的凝聚力和复原力;设计决策基于长期的生态和社会效益,而非短期经济利益。

「延伸:再生设计重视"自然资本"的概念,即自然提供的未经人类加工的服务和资源的价值,如净化空气、水循环等,设计中努力保护并增加这些资本。」

生态设计（Eco-Design）

　　生态设计是一种综合性的设计方法论，它将生态学原理和可持续发展原则融入设计过程，旨在创造与自然环境和谐共生、减少资源消耗和环境污染的产品、建筑和服务。1969年，美国建筑师麦克哈格出版了《设计结合自然》，提出将生态学原理应用于土地规划和景观设计，成为生态设计领域的经典著作。

　　生态设计将设计对象视为更大生态系统的一部分，考虑其对环境的直接影响和反馈；优化设计以减少资源消耗，优先考虑可再生资源和回收材料的使用；关注产品从原材料获取到最终废弃的全生命周期，减少环境影响；避免使用有害物质，设计易于回收、分解或再利用的产品。代表有弗雷·奥托，以其轻质结构和仿生设计闻名，如慕尼黑奥林匹克体育馆，展现了生态设计与结构创新的结合。

　　「延伸：自然界中的蜂窝结构启发了许多轻质而坚固的建筑设计，展示了生物灵感在生态设计中的应用。一些前沿的生态建筑设计，如英国的"BedZED"社区，实现了几乎零碳排放，展示了生态设计在实践中的高成就。」

生态危机设计（Ecological Crisis Design）

生态危机设计是一个较新且不断发展的领域，它直接响应当前面临的环境危机，如气候变化、生物多样性丧失、污染和资源枯竭等，旨在通过设计策略减轻这些问题并激发对可持续未来的想象。

生态危机设计直接针对特定的生态问题，如海洋塑料污染、城市热岛效应等，提出解决方案；结合生态学、社会学、技术科学等多领域知识，形成综合性的设计策略；鼓励公众参与，提升对生态危机的认识，同时通过设计教育培养未来设计师的环保意识；不断探索未来可能的生存模式和技术创新，如城市农业、生物设计等。

「延伸：生态危机设计不仅限于高科技解决方案，简单的创意如垂直花园和植物墙也能有效改善空气质量，增强城市生态。」

韧性设计（Resilient Design）

韧性设计是一种设计策略，专注于创建能够适应变化、承受冲击并从中恢复的系统、社区和环境。它不仅仅关注抵御灾害，更注重通过增强系统的灵活性和自我调整能力，确保长期的可持续性和稳定性。韧性概念源自生态学，20世纪70年代，生态学家霍林首次在《生态系统的韧性和稳定性》一文中详细阐述了生态系统的韧性概念。

韧性设计要能够灵活应对各种未预见的变化,包括自然灾害、经济波动和社会变迁;系统内存在多种备用方案,确保在一部分失效时,整体功能不受严重影响;强调系统内部以及系统间的紧密联系与协作;鼓励反馈循环,通过监测、评估和调整,不断优化和进化。

「延伸:荷兰鹿特丹的浮动房屋是韧性设计的典范,这些房屋设计用于应对洪水风险,能够在水位上升时漂浮,体现了韧性设计的适应性原则。」

海洋环保设计(Marine Environmental Design)

海洋环保设计是一个跨学科领域,结合环境科学、艺术与设计,旨在通过视觉传达提高公众对海洋污染问题的认识。此领域关注利用设计思维解决海洋生态破坏问题,同时促进可持续发展意识。2009 年,克里斯·乔丹的系列作品《中途岛》展示了因误食塑料而死亡的信天翁幼鸟,该作品成为海洋环保设计的标志性案例。2013 年,海洋保护组织成立,与多位艺术家和设计师合作,推广使用回收海洋塑料进行创作,推动了环保材料在设计中的应用。

海洋环保设计通过艺术作品传达复杂的环境信息，使公众易于理解；利用海洋中的废弃材料创造艺术品，展示废物再利用的可能性；作品往往富有情感，激发观者的情感反应，促使人们思考自身行为对海洋环境的影响。

危机设计（Crisis Design）

危机设计是指在面对自然灾害、社会冲突、公共卫生事件等紧急情况时，运用设计思维和方法快速响应、减轻影响、促进恢复的设计实践。它强调在危机情境下设计的实用性和创新性，旨在构建更具韧性的社会系统和环境。随着"设计思维"概念的普及，设计界开始更系统地探讨危机情境下的设计角色。2001年"9·11"事件后，设计在紧急响应中的重要性被广泛认识，危机设计的概念逐渐成形。2004年印度洋海啸、2010年海地地震、2019年新冠疫情等全球性危机事件，极大推动了危机设计的发展，设计师和机构迅速响应，设计出众多创新的解决方案。

危机设计强调在紧急情况下快速提供解决方案，减缓危机带来的即时影响；设计需适应复杂多变的危机环境，解决方案需易于调整，以应对不断变化的情况；重视受危机影响社区的参与，确保设计符合实际需求，增强社区的复原力；不仅解决眼前危机，也考虑长远的社会、环境影响，促进可持续恢复和发展；通常涉及跨学科合作，如设计师、工程师、社会科学家、医疗专家等共同工作。

「延伸：无国界建筑师是一个国际性非营利组织，其成员在全球范围内积极参与危机响应项目，如灾后重建和难民安置区等设计。」

社会设计（Social Design）

社会设计是一种将设计思维应用于解决社会问题、促进社会创新和提升公共福祉的设计实践。它超越了传统设计关注的形式和功能，更侧重于通过设计改善社会结构、增强社区凝聚力、促进公平正义。社会设计的概念可以追溯到20世纪初的包豪斯运动，其中包含为大众服务的设计理念。20世纪60年代，维克多·帕帕奈克在《为真实的世界设计》中提出设计应关注社会责任，为社会设计奠定了理论基础。

社会设计直面社会问题，如教育不公、健康危机、社会排斥等，通过设计寻找解决方案；强调与受益群体的深度合作，确保设计方案贴近实际需求，促进社区赋权；分析社会问题的根源，设计解决方案时考虑其在社会系统中的位置和影响；重视设计项目的社会影响力评估，确保设计成果真正促进社会进步。

「延伸：1990年，随着社会企业家精神的兴起，如穆罕默德·尤努斯创立的格莱珉银行，展示了设计思维在解决贫困问题中的潜力。2006年，美国平面设计协会（AIGA）发起了"设计向善"项目，正式将社会设计作为设计行业的重要分支进行推广。」

信息设计（Information Design）

信息设计是一门学科，它综合了视觉传达、信息科学和认知心理学等领域的知识，旨在清晰、有效地传达复杂信息。通过图形、图表、界面设计等手段，信息设计帮助受众更好地理解、吸收和记忆信息。20世纪中叶，信息设计作为一门独立学科开始形成。被誉为信息设计之父的爱德华·塔夫特于1983年出版了《量化信息的视觉展示》，为信息设计设定了理论框架和实践标准。

信息设计的首要目标是使复杂信息易于理解，通过简化、组织和视觉编码来减少认知负荷；利用色彩、排版、空间布局等视觉元素吸引观众注意力，增强信息的吸引力；特别是在数字平台上，信息设计越来越强调用户参与,通过交互设计提升用户体验;结合文字、图像、声音等多种媒介,以适应不同受众的接受习惯和认知偏好。

参数化设计(Parametric Design)

参数化设计是一种基于算法和规则的数字化设计方法,允许设计师通过调整变量(参数)来探索、生成和修改设计形态。1997年,建筑师扎哈·哈迪德的维特拉消防站落成,成为参数化设计在建筑领域应用的早期范例。2007年,Grasshopper(Rhinoceros的3D插件)的发布,极大地促进了参数化设计在设计行业的普及,使得非编程背景的设计师也能利用算法进行设计。

参数化设计通过调整参数,使得设计者可以快速迭代多种设计方案,探索设计的多样性;自动计算和生成设计选项,有助于找到最优解决方案,尤其是在满足复杂约束条件时;参数化设计支持多学科、多领域间的协同工作,便于整合结构、环境、成本等因素;能够创造出传统设计难以实现的复杂几何形态,丰富设计语言和视觉效果。

「延伸:扎哈·哈迪德是建筑设计领域里参数化设计的先驱,其作品广州大剧院、北京银河SOHO、摩洛哥拉巴特大剧院等，展现了参数化设计在大型公共建筑中的应用。」

非物质设计（Immaterial Design）

非物质设计，也常被称为数字设计、虚拟设计或体验设计，是一种超越实体产品的设计理念，侧重于创造非物质性的体验、服务、界面和交互，强调设计的无形价值和用户的情感、认知体验。非物质设计的概念起源于20世纪末至21世纪初，随着互联网的普及、数字媒体技术的发展，以及用户体验(UX)设计的兴起，设计领域逐渐从实体物品转向数字服务和体验。

非物质设计的核心在于设计体验而非物体，关注用户的心理感受、情感反应和行为模式；鼓励用户参与设计过程，通过互动反馈形成个性化体验；设计内容和形式可以根据用户行为、时间、地点等因素动态调整，展现高度的灵活性和适应性；结合声音、图像、视频、文字等多种媒介，构建多感官体验；非物质设计倾向于减少物质资源的消耗，符合可持续发展的理念。

「延伸：苹果公司的 iOS 操作系统及 iPhone 的发布（2007年）重新定义了移动设备的用户体验，展示了界面设计在塑造数字生活方式中的核心作用。」

无意识设计(Without Thought Design)

无意识设计,有时也称为直觉设计或隐蔽设计,是一个关注于创造自然、不显眼但极其有效的用户体验的设计理念。这一概念强调设计应该无缝融入人们的日常生活,让用户几乎察觉不到其存在,而只是感受到其带来的便利和舒适。无意识设计的思想可以追溯到 20 世纪中叶的人类学、心理学研究,特别是马斯洛的需求层次理论和唐纳德·诺曼的《设计心理学》,后者深入探讨了用户心理与设计之间的关系。日本设计师深泽直人是无意识设计最著名的倡导者之一,他在 2005 年左右提出了这一理念,并通过一系列作品展示其实践成果。

无意识设计应减少用户的思考负担,让操作变得直观,仿佛是出于本能;产品或环境设计应与周围环境和谐共存,不突兀,不破坏原有氛围;避免多余的装饰,仅保留必要的功能和形态,使设计显得既简洁又直接;通过触发用户的记忆或习惯性动作,引发情感上的共鸣,使设计更加贴近人心。

「延伸:深泽直人与德国设计师贾斯珀·莫里斯共同提出"超级平凡"设计概念,指那些看似普通,实则经过精心设计,超越了普通水准,达到日常极致的设计作品,与无意识设计的理念紧密相连。」

体验设计（Experience Design）

体验设计是一种多维度的设计实践，旨在创造全面、连贯且有意义的用户体验。它超越了传统设计对产品或服务单一层面的关注，而是将用户在与产品、服务、环境交互过程中的所有感受、情绪和认知反应作为设计的核心。1999年，美国设计师和作家约瑟夫·派恩和詹姆斯·H.吉尔摩在《体验经济》一书中，首次提出了"体验经济"概念，为体验设计奠定了理论基础。唐纳德·诺曼在苹果公司担任用户体验架构师期间，普及了"用户体验"一词，并在2004年出版的《情感化设计》中进一步阐述了情感在设计中的重要性。

体验设计始终以用户的需求、期望和感受为核心，确保设计满足并超越用户期待；设计考虑视觉、听觉、触觉、嗅觉和味觉等多种感官体验，创造全方位的沉浸式体验；注重设计的情感层面，通过故事讲述、品牌情感等元素，建立与用户的情感纽带；根据用户在特定场景下的需求和行为，设计与之匹配的体验流程和环境，体验设计是一个持续的过程，需要不断地评估和优化，以适应用户需求和环境变化。

「延伸：心理学家丹尼尔·卡尼曼的"峰终定律"，指出人们对体验的记忆主要由高峰时刻和结束时刻决定，体验设计常利用这一点来强化关键体验点。」

人性化设计(Human-Centered Design)

人性化设计,或称以用户为中心的设计,是一种设计思维模式,其核心是将用户的需求、偏好、能力及限制置于设计过程的中心,以创造更符合人类行为习惯、提升用户体验的产品和服务。人性化设计的思想可追溯至20世纪中叶的人体工程学和可用性工程。1983年,唐纳德·诺曼在其著作《设计心理学》中首次提出了"用户中心系统设计",为人性化设计奠定了理论基础。

人性化设计深入理解用户需求,通过访谈、观察、问卷调查等方式收集用户数据;邀请用户参与到设计过程中,确保设计解决方案贴近实际需求;设计过程是一个循环迭代的过程,包括原型制作、测试、反馈、修正,直至满足用户需求;融合心理学、人类学、计算机科学、艺术设计等多领域知识,形成综合性解决方案;除了功能性和实用性,还注重设计的情感层面,提升用户满意度和忠诚度。

「延伸:在许多公共卫生间中,自动感应洗手液机和水龙头的普及,减少了接触传播疾病的风险,这也是人性化设计的体现。不过,一条趣闻是,有些设计初期并未考虑到实际使用场景,如洗手液机的位置过高或过低,导致儿童或轮椅使用者难以触及,后来的设计增加了低矮台盆,真正体现了对所有人群的关怀。」

交互设计（Interaction Design）

交互设计是一种专注于人与产品、系统或服务之间交互方式的设计学科，旨在创造有意义且易于使用的交互体验。它融合了用户界面设计、心理学、计算机科学等领域的知识，确保设计能够满足用户需求，同时提升效率与满意度。交互设计的概念可以追溯到20世纪60年代，随着计算机科学的发展，人们开始探索人机交互的新方式。60年代末，道格拉斯·恩格尔巴特演示了鼠标和图形用户界面的原型，为现代交互设计奠定了基础。

交互设计以用户的需求、行为和心理模型为核心，确保设计符合用户的预期和习惯；考虑整个交互系统，包括用户、设备、环境以及它们之间的关系，确保各部分协调一致；利用视觉、听觉、触觉等多种感官通道，提供丰富、直观的交互体验；通过原型制作、用户测试和反馈循环，持续优化设计，确保最佳的用户体验。

用户界面设计（UI Design）

用户界面设计专注于软件、硬件或其他数字产品中人与机器交互的视觉和体验层面。它关注于如何通过图形元素、布局、交互模式等，使用户能够高效、愉快地与产品进行互动。1981 年，施乐之星个人电脑的推出，标志着第一个商业化图形用户界面的诞生，这是一次革命性的飞跃，影响了后续的 Macintosh 和 Windows 操作系统。2007 年，苹果公司推出 iPhone，其直观的多点触控界面彻底改变了移动设备的设计标准，开启了移动界面设计的新纪元。

用户界面设计遵循直观易懂，使用户无须培训就能轻松上手；在整个界面中保持设计元素的一致性，如图标、颜色方案和布局，以降低学习成本；确保设计易于使用，关注用户效率和满意度，遵循可用性原则和人体工程学；视觉设计吸引人，符合品牌形象，提升用户体验，特别是在移动设备上；设计需适应不同屏幕尺寸和方向，提供流畅的交互体验。

「延伸：用户界面设计的早期形态可追溯到 20 世纪 60 年代，随着计算机的诞生，早期的命令行界面成为人机交互的主要方式。」

数智设计（Data-Driven Intelligent Design）

数智设计，结合了数据驱动与智能设计的概念，是现代设计领域的一个前沿分支。它利用大数据分析、人工智能算法及机器学习技术，来优化设计决策，创造更加个性化、高效且适应性强的用户体验。21世纪初，随着互联网和电子商务的兴起，用户行为数据开始被广泛收集和分析，为设计提供了初步的数据支撑。2005年以后，A/B测试成为优化用户体验的常用手段，设计师可以通过对比不同设计版本的表现，选择最佳方案。近年来，随着AI技术的飞速发展，如Adobe Sensei、Autodesk Dreamcatcher等工具的推出，设计过程开始引入自动化和智能化元素，能够自动生成设计方案或提供设计建议。

数智设计核心在于利用数据洞察用户需求、行为模式和偏好，作为设计决策的基础；借助AI算法自动完成设计任务，提高效率和准确性；设计不再是静态的交付物，而是持续迭代升级；所有设计决策均围绕提升用户体验展开，旨在创造更流畅、更个性化的互动环境。

「延伸：在电商和流媒体平台中，通过算法为每位用户提供独一无二的内容推荐，体现了数智设计的高度个性化能力。」

生成式设计（Generative Design）

生成式设计是一种先进的设计方法，它利用算法和计算机程序来创建设计选项。这种方法允许设计定一系列参数、约束条件和目标，随后由软件自动生成多种设计方案，从而探索传统设计方法难以触及的设计空间。随着计算机辅助设计的出现，设计师开始探索使用计算机生成设计的可能性。格奥尔格·尼斯和赫伯特·W. 佛兰克等先驱的工作为生成式设计奠定了基础。1995 年，Grasshopper 的推出标志着参数化设计工具的成熟，设计师可以通过调整参数来即时修改设计，这为生成式设计的发展铺平了道路。近年来，随着计算能力的提升和人工智能技术的发展，生成式设计在汽车、航空、家具设计等行业得到广泛应用。例如，Autodesk 的 Dreamcatcher 项目展示了如何利用生成式设计优化结构设计，减少材料消耗。

生成式设计基于参数和规则，软件根据这些条件自动生成设计变体；生成式设计能够快速产生大量设计方案，其中许多是设计师可能未曾预见的，促进了设计创新；结合性能分析和仿真工具，可以筛选出满足特定性能标准的最佳设计；生成式设计涉及计算机科学、数学、设计学等多个领域的知识，要求设计师具备跨学科的协作能力。

「延伸：生成式设计不仅是技术上的革新，也是设计思维的一次飞跃，它鼓励设计师将自己视为设计过程的指导者而非仅仅是执行者,开启了无限创意与可能性的新时代。」

模块化设计(Modular Design)

模块化设计是一种将复杂系统分解为多个可互换、标准化部件(模块)的设计理念,这些模块能够独立设计、制造,并能灵活组合以满足不同的功能需求。20世纪初期,亨利·福特在汽车生产中的流水线,以及弗兰克·劳埃德·赖特在建筑中的预制构件,为模块化思想的形成奠定了基础。1950年,勒·柯布西耶提出"模数"理论,这是一种基于人体比例的标准化设计系统,对后来的建筑和产品设计影响深远。20世纪末至21世纪初,随着计算机辅助设计和信息技术的发展,模块化设计变得更加高效和灵活,特别是在软件开发领域,如 Linux 操作系统的模块化架构。进入21世纪,模块化设计因符合可持续发展目标而得到重视,可拆卸、可升级的模块化产品设计有助于减少资源消耗。

模块化设计使得产品或系统可以根据用户需求轻松调整配置,提高适应性和定制化程度;各模块遵循统一标准,便于替换和维护,降低了成本,提高了效率;设计易于升级和扩展,只需添加或替换模块,无须整体重构;通过重复使用模块,减少设计和生产成本,同时促进资源的循环利用。

「延伸:丹麦玩具公司乐高是模块化设计的典范,其积木系统展示了模块化设计的无限创造潜力和趣味性。宜家家具也以其模块化设计著称,用户可以根据个人空间和需求组合家具,体现了模块化设计在日常生活中的实际应用。」

通用设计(Universal Design)

通用设计是一种旨在创建可以被所有人(无论年龄、能力或状况差异)安全、舒适、便捷地使用的环境、产品和服务的设计理念。这一概念强调包容性,力求使设计自然地融入并服务于最广泛的人群。20世纪70年代,美国建筑师罗纳德·梅斯首次提出"无障碍设计",这一理念逐渐演变为今天的通用设计。1997年,罗纳德·梅斯与其他设计师共同制定了七项通用设计原则,为该领域设立了基准。这些原则包括公平使用、灵活使用、简单直观、信息明确、容错设计、尺寸与空间适当,以及强度可调整。

通用设计的核心在于消除障碍,确保所有人在不需特别适应或辅助的情况下都能使用设计成果,设计时考虑到用户多样性及潜在的变化；设计应简洁明了，易于理解和操作，减少用户的学习负担；提供多种使用方式和调节机制，以适应不同个体的需求和偏好。

「延伸：在设计中注重色彩对比是通用设计的一个重要方面，例如网站设计中使用高对比度的文字和背景，确保视觉障碍者能清晰阅读内容。」

情感化设计（Emotional Design）

情感化设计是一种设计理念，侧重于产品或服务在感官、情感层面与用户建立联系，强调用户体验中的情感价值和直觉反应。认知心理学家唐纳德·诺曼在2004年出版的《情感化设计》中，首次系统地提出了情感化设计的三个层次理论：本能层、行为层和反思层。这一理论为后续的设计实践提供了理论框架。

情感化设计关注产品的外观、形态、颜色、质感等，这些因素能在瞬间触发用户的直觉反应，如美感、吸引或排斥感；涉及产品的可用性和功能性，良好的操作体验能够增强用户的满意度和依赖感，形成积极的情感反馈；基于个人经验、文化背景和价值观对产品形成的认知，如品牌故事、设计背后的理念等，这些可以深化用户与产品的感情联结。

「延伸：苹果公司是情感化设计的典范，从 iPhone 的光滑触感到 Macbook 的简洁线条，每一处设计都旨在激发用户的喜爱之情，体现了本能层和反思层设计的完美结合。」

感觉设计（Sensory Design）

感觉设计是一种设计理念，专注于设计作品如何通过多感官体验与用户互动，不仅仅包括视觉，还包括听觉、触觉、嗅觉和味觉。这种设计方法旨在创造全面而深刻的感受体验，强调环境、产品或服务在感官层面的质量和影响。学者洛兰·贾斯蒂斯在其著作《感官设计》中深入探讨了这一主题，指出设计应超越传统视觉美学，考虑所有感官通道，以创造更丰富、更深刻的体验。

感觉设计核心在于整合多种感官体验，使设计作品能够触动用户的多个感知层面，从而增强记忆、情感联结和整体满意度；感觉设计重视个体差异，力求设计出能够适应或激发不同人感官偏好的产品和服务；通过感官设计营造特定氛围，引发情感反应，使用户在物理空间或虚拟环境中获得更深层次的情感共鸣和记忆。

「延伸：在餐饮界，分子料理通过创新的食材处理和呈现方式，让食客在品尝食物时获得前所未有的感官体验，展现了味觉设计的创意。」

服务设计（Service Design）

服务设计是一种跨学科的方法论，旨在策划和组织人们与服务系统的交互，以创造更高效、更有意义的服务体验。它关注于服务的整个生命周期，从最初的构想到最终的交付，确保服务能够满足用户需求，同时优化业务流程。2003年，卡内基·梅隆大学成立首个服务设计专业，2004年，全球服务设计联盟成立。伯特伦·戈夫曼的"前台与后台"理论、克里斯琴·格罗鲁斯的服务质量理论等，为服务设计提供了理论基础，强调了用户体验和服务生态系统的重要性。

服务设计的一切活动围绕用户需求、期望和行为展开，确保服务能够解决用户的真实问题；服务设计强调跨部门、跨专业的合作，包括设计者、业务人员、用户和其他利益相关者共同参与设计过程；服务设计视服务为一个系统，包括人员、环境、技术、信息等多方面因素，需综合考虑以实现整体优化；服务设计是一个迭代过程，通过原型测试、用户反馈和持续监测，不断优化服务体验。

「延伸：在服务设计中存在"触点设计"一说，它指设计服务过程中用户与服务互动的每一个具体的点，如网站、电话客服、实体店面等，确保每一次接触都是积极且一致的体验。」

老龄化设计（Age-Responsive Design）

老龄化设计，也常被称为通用老化设计或老年友好设计，专注于为老年人创造更安全、便利、尊重且能提高生活质量的设计。20世纪末，随着全球范围内人口老龄化的加剧，设计界开始关注老年人的需求。20世纪80年代，罗纳德·梅斯提出的通用设计概念为老龄化设计奠定了基础。21世纪初，随着设计思维的拓展和对老龄化社会的深入研究，老龄化设计理论逐渐形成。学者如帕特里夏·穆尔等通过亲身模拟老年体验，推动了设计界对老年人需求的深入理解。

老龄化设计通常确保设计能够被不同健康状况和能力的老年人使用，包括无障碍设计、易于操作的界面和环境；强调设计的安全性，减少跌倒风险，考虑照明、扶手、防滑等要素，同时促进身心健康；促进老年人的社会交往，设计应支持独立生活，同时尊重老年人的个性和隐私，增强他们的自尊心和归属感；随着智能穿戴、智能家居等技术的发展，老龄化设计越来越多地融入科技元素，以科技辅助提高生活质量和护理效率。

「延伸：在中国，智慧养老成为养老服务的新趋势，利用物联网、大数据等技术，为老年人提供智能化的健康管理、紧急救助、生活服务等，体现了科技与老龄化设计的融合。」

无障碍设计（Accessible Design）

无障碍设计是指在设计产品、环境、服务或信息时，充分考虑并满足不同能力人群（包括但不限于残障人士）的需求，确保每个人都能平等、方便、安全地使用。这一设计理念致力于消除障碍，促进社会的包容性。20世纪中叶，随着残疾人权利运动的兴起，多个国家和地区开始制定无障碍设计的相关法律法规，如美国1990年的《美国残疾人法》，对公共设施、交通、通信等领域的无障碍建设提出了法定要求。1999年，国际标准化组织发布了 ISO 21542 标准，为建筑环境的无障碍设计提供了国际指导原则。此外，Web 内容无障碍指南对互联网无障碍设计标准进行了规范。

无障碍设计强调设计应适用于尽可能广泛的人群，包括有视觉、听觉、行动或认知障碍的人士；设计应考虑不同用户的需求变化，提供可调节或可适应的功能，以满足多样化的需求；应确保用户能轻松理解和操作，减少使用难度，如简化操作流程、提供清晰的指示信息；无障碍设施应与周围环境和谐融入，避免造成突兀感或隔离感，促进环境的整体性和美观性。

「延伸：理想状态下，无障碍设计应融入环境，不显突兀，只有在需要时才会被注意到，如自动门的设计。」

参与式设计（Participatory Design）

参与式设计是一种设计方法论，强调设计过程中用户的直接参与和共同创造，确保设计成果能够更好地反映并满足用户的真实需求和期望。这种方法打破了传统设计中设计师与用户之间的界限，鼓励多方利益相关者的合作与对话。参与式设计的根源可以追溯到20世纪70年代的北欧国家，特别是丹麦和挪威，最初应用于办公环境和信息技术系统的设计，以提升工作效率和员工满意度。80年代和90年代，参与式设计的概念在北欧国家以外传播开来，受到社会学、人类学等社会科学理论的影响，逐渐形成了一套系统的方法论，包括工作坊、共同设计会议等实践形式。

参与式设计核心在于设计过程中的共同参与，设计师、用户、利益相关者等共同讨论、决策，确保设计成果反映多元视角和需求；强调设计的民主性，让原本被设计过程边缘化的声音得以表达，提升设计的社会责任感；设计过程包含多个反馈循环，设计原型不断根据用户反馈进行调整，确保最终方案的适用性和接受度。

「延伸：在参与式设计的历史中，有一个著名的例子是丹麦的电话交换员通过参与设计，成功说服工程师在新系统中加入一个紧急停止的"红色按钮"，这成为参与式设计提升安全性与用户控制权的经典案例。」

激进设计（Radical Design）

激进设计是一种挑战传统美学和功能主义，旨在通过设计传达社会批判、政治主张和文化反思的设计运动。它不仅仅关注物体的形式与功能，更深入探讨设计的社会角色与意识形态影响。激进设计起源于20世纪60年代末至70年代初的意大利，是对当时主流设计界商业化、批量生产趋势的一种反叛。这一时期，意大利的设计师和建筑师群体，如"阿基米亚集团""超级工作室"等，开始探索设计的新边界。

激进设计的核心在于对现有社会结构、消费主义和设计规范的深刻批判，通过设计提出对理想社会形态的设想；许多激进设计作品并非为了实际生产，而是作为观念艺术品存在，强调设计作为思考工具的功能，通过模型、装置、图纸等形式探索未来生活的可能性；激进设计还提出了一系列关于无阶级社会、环境和谐共存、技术与自然平衡的乌托邦式设想，尽管往往带有讽刺意味。

「延伸：1965年，在皮内罗洛举办的"反设计"展览标志着激进设计运动的正式亮相，展示了许多挑战传统设计边界的前卫作品。"连续的纪念碑"就是由"超级工作室"提出的一个著名乌托邦项目，设想了一个覆盖全球的单一连续建筑结构,以此讽刺现代主义的普遍性和对环境的无视。」

积极设计(Positive Design)

积极设计是一种新兴的设计理念,旨在通过设计积极地影响用户的情感、行为和福祉,鼓励正面情绪、增强幸福感,并促进健康的生活方式,多巴胺风格与此理念不谋而合。积极设计的概念受到积极心理学的启发,尤其是由马丁·塞利格曼等学者在 21 世纪初推广的积极心理学理论,强调个体的积极特质、优势和潜能的培养。积极设计并不是孤立存在的,它融合了情感化设计、用户体验设计、可持续设计等多个领域的理念,力图通过设计手段促进用户的幸福感和社会的正面变迁。

积极设计理念的核心在于设计应激发用户的积极情感,如喜悦、满足、归属感,通过设计元素激发用户的内在积极体验;设计应鼓励积极行为,如通过奖励机制促进健康的生活习惯,或是设计促进社交互动的产品,增强社会联系;积极设计还鼓励设计作品能够对个人乃至社会带来长远的正面影响,如通过教育玩具促进儿童的认知发展,或设计促进环保行为的产品;同时应该认识到每个人的幸福感来源不同,积极设计强调设计应具有一定的个性化和适应性,能够满足不同用户的具体需求。

「延伸:一些家居设计采用积极设计原则,如使用温暖色调、自然光线、植物装饰等,创造一个促进放松和幸福感的空间环境。随着科技产品深入日常生活,积极设计也渗透到智能穿戴、应用程序等领域,如通过APP提醒用户休息、记录美好瞬间,促进心理健康。城市规划与公共空间设计也开始采纳积极设计理念,如建设绿地、休闲设施,以及举办社区活动,旨在提升居民的整体幸福感。」

批判性设计(Critical Design)

批判性设计是一种设计实践,它不追求实用性的解决方案,而是通过设计作品提出问题、挑战假设、揭示社会文化现象背后的深层含义,促使观众反思现状,激发对未来的讨论和想象。这种设计方法通常采取概念性的艺术形式,而非直接的产品设计。批判性设计的概念主要由英国皇家艺术学院的安东尼·邓恩和菲奥娜·雷比在 21 世纪初提出,他们通过教学、写作和展览推广这一理念。批判性设计深受后现代理论、批判理论、科幻文学和未来学的影响,特别是布尔迪厄的文化批判、福柯的知识权力理论以及德勒兹的游牧思想等，这些理论为批判性设计提供了批判社会现状和探索可能世界的理论框架。

批判性设计不寻求直接解决问题，而是通过设计提出问题，引发观众对现状的批判性思考；设计作品往往是概念性的，通过极端的情境、假设的未来或夸张的表现手法，揭示隐藏的社会、政治、伦理议题；利用视觉冲击力、叙事技巧和情感共鸣，激发观众的情感反应和想象力，促进深层次的思考和对话；批判性设计作品经常在展览、公共空间或在线平台上展出，作为社会干预的手段，促使公众参与讨论，挑战主流观点。

「延伸："设计幻想"是批判性设计经常用到的概念，由布鲁斯·斯特林提出，它指通过设计物品、故事、场景等，构建一个虚构但逼真的未来世界，用以探讨技术、社会、文化的潜在影响。此外批判性设计还有一个密切相关的术语——假设性设计：强调设计作品是对未来可能世界的假设性探索，两者常被视为同一设计理念的不同表述。」

思辨设计（Speculative Design）

思辨设计，又称为推测设计或设想设计，是一种设计方法论,它超越当前现实的局限,通过构建虚构的未来场景、概念或对象,探讨社会、文化、科技等领域的潜在变化及其对人类生活的影响。思辨设计鼓励设计师和观众展开想象,反思现状,挑战既有假设。思辨设计的概念在21世纪初由英国设计师安东尼·邓恩和菲奥娜·雷比等人推广开来,他们在教学和实践中不断探索设计的边界,试图将设计从解决问题的工具转变为一种启发思考的媒介。思辨设计深受科幻文学、哲学、未来学、批判理论等领域的启发,特别是法国哲学家布鲁诺·拉图尔的行动者网络理论和吉尔·德勒兹的后结构主义思想,这些理论为思辨设计提供了丰富的理论土壤。

思辨设计的核心在于通过设计想象未来,这些未来可能是乐观的、悲观的,或是矛盾复杂的,旨在揭示我们当前决策的长远影响;思辨设计作品通常带有强烈的批判性,挑战社会规范、技术发展路径和人类行为模式,促使观众重新审视现实;利用故事讲述和情感设计,让抽象的未来概念变得具体可感,激发观众的情感共鸣和深度思考;设计作品往往留有解读空间,鼓励观众参与到对未来可能性的讨论中,成为共同思考的催化剂。

「延伸:思辨设计会经常运用一种设计策略——反

事实设计,指通过设想如果历史或现实的某个条件改变,世界会如何不同,以此来揭示隐藏的因果关系和可能的未来。」

从摇篮到摇篮(Cradle-to-Cradle)

从摇篮到摇篮(C2C)是一种先进的设计理念,旨在创建一个闭环的物质循环系统,其中产品在设计之初就被考虑为未来资源的输入,而非废物。这一概念由威廉·麦克唐纳和迈克尔·布朗嘉特在《从摇篮到摇篮:循环经济设计之探索》一书中提出。C2C 理念源于对传统线性经济模式(从摇篮到坟墓)的反思,后者侧重于提取资源、制造产品、使用后丢弃的单向流动,导致资源枯竭和环境污染。麦克唐纳和布朗嘉特提出了一种双轨制的循环经济模型,分为两个封闭循环:"生物循环"和"技术循环"。生物循环中的材料必须是可生物降解的,可以安全回归自然;技术循环中的材料则必须是无毒的,并可无限循环再利用。

C2C 强调不仅要减少负面影响(减量、再利用、回收),更要积极创造正面影响,如使用可再生资源、促进生态健康;从产品设计阶段就开始考虑其整个生命周期,包括材料选择、生产、使用、回收或再利用的全过程；所有材料都应该是安全无害的，即使在产品生命周期结束后也不会对环境造成污染；设计产品和系统以便于拆解和回收，确保材料能够在经济和技术循环中无限循环。

「延伸："绿色地毯挑战"是C2C理念在实践中的一个著名案例，旨在推动地毯行业生产完全可回收的地毯，从而减少废弃物，提高资源效率。为了鼓励引导设计，C2C产品创新研究所设立第三方认证体系，并颁发"金星认证"，从五个类别（材料健康、材料再利用、可再生能源和碳管理、水资源管理、社会公平）评估产品是否符合C2C原则，最高级别为铂金级。」

有机现代主义设计（Organic Modernism Design）

有机现代主义设计是一种设计风格，起源于20世纪中叶，它结合了现代主义设计的简洁线条与自然界的有机形态，旨在创造既具有现代感又不失温暖和亲和力的空间和产品。这一设计风格试图打破传统现代主义的冷硬，强调人与自然的和谐共存。有机现代主义设计的根源可追溯到20世纪初的建筑领域，特别是芬兰建筑师阿尔瓦·阿尔托和美国建筑师弗兰克·劳埃德·赖特的作品。他们通过曲线、自然材料以及与环境的融合，为建筑带来了更有机、自然的感觉。到20世纪中后期，有机现代主义设计理念逐渐扩展到家具、产品设计及平面设计等多个领域。查尔斯和蕾·伊姆斯、汉斯·韦格纳等设计师通过他们的作品，进一步发展了这一风格，使其成为设计界的重要趋势。

有机现代主义设计中大量借鉴自然界的形态和纹理，如波浪、螺旋、树叶的脉络等，赋予作品生命力和动感；并摆脱直线和几何形状的严格限制，采用更流畅、更有机的曲线，营造柔和、温馨的视觉感受；在材料上偏好木材、竹材、石材等自然材料，以及皮革、棉麻等天然面料，强调材质的原始质感和温暖触感；在保证功能性和实用性的基础上，强调设计的美学价值，追求形式与功能的和谐统一。

「延伸：查尔斯·伊姆斯设计的"La Chaise"椅子，灵感来源于雕塑家康斯坦丁·布朗库西的作品，体现了有机形态与家具设计的完美结合，成为有机现代主义的标志性作品之一。」

为金字塔底端设计（Design for Bottom of the Pyramid）

为金字塔底端设计是一种设计理念，旨在通过创新设计解决世界上最贫穷、基数最大的人口群体（即所谓的"金字塔底端"）的需求和挑战。这一概念强调设计的社会责任和包容性，努力通过设计提高这些群体的生活质量。这一理念由 C. K. 普哈拉德教授在 2002 年的著作《金字塔底层的财富：为穷人服务的创新性商业模式》中首次系统阐述，他提出企业可以通过为低收入市场创造经济可行的产品和服务，同时实现盈利和社会影响。随着可持续发展和包容性设计的兴起，为金字塔底端设计逐渐从理论走向实践，设计界开始探索如何将这一理念应用于产品、服务、系统和基础设施的设计中，以满足贫困地区人民的实际需求。

为金字塔底端设计理念的落实要深入理解并尊重金字塔底端人群的需求、习惯和文化背景，设计解决方案应直接来源于他们的实际生活挑战；设计的产品和服务需价格合理，同时考虑资源的有效利用和环境的可持续性，确保长期的经济和社会效益；在资源有限的条件下，鼓励使用本地材料、技术和知识进行创新，设计出既适合当地环境又能适应特定文化背景的解决方案；强调与目标用户群体合作，让他们参与到设计过程中，确保设计真正符合其需求，同时促进社区赋权。

「延伸：在为金字塔底端设计的实践中，生态设计原则尤为重要,这意味着设计不仅要考虑经济效益,还要考虑环境保护,确保设计对环境的负面影响最小。」

生态现代化(Ecological Modernization)

　　生态现代化是一种理论框架和实践策略,它旨在调和经济发展与环境保护之间的关系,通过技术创新、政策改革和社会结构的调整,推动社会向更加可持续的方向发展。这一理念认为,现代化进程不必以牺牲自然环境为代价,而是可以通过"绿化"现代性来实现经济发展与生态平衡的双赢。生态现代化的概念最早出现在20世纪80年代的欧洲,特别是在荷兰和德国,由学者如阿瑟·莫尔曼等提出,作为对传统环境主义和工业现代化理论的批判与超越。

　　生态现代化主张经济发展与环境保护不是零和游戏,而是可以通过科技进步和政策引导实现两者兼容;强调政策、法律和市场机制的改革,如引入碳交易、绿色税制、环境标准等,以经济激励和法律约束促进绿色转型;倡导清洁能源、循环经济、生态设计等领域的技术革新,减少资源消耗和污染物排放。

　　「延伸:生物模拟是一种设计和创新策略,通过模仿自然界的高效、可持续机制来解决人类问题,是生态现代主义在产品设计和技术开发中的体现。」

空间句法(Space Syntax)

空间句法是一种分析城市空间结构和人类活动模式的理论与方法,它将城市空间视为一种语言系统,通过数学和图形分析来理解空间布局如何影响人们的移动、互动和社会行为。这一理论由伦敦大学建筑学院的希列尔和他的团队在《空间句法》中首次系统阐述,他们提出空间的拓扑结构(如街道网络的连通性、集成度)是影响城市活力和社会互动的关键因素。随着时间的推移,空间句法理论不断丰富,形成了包括轴线图分析、凸空间分析、可视性分析等一系列分析工具和软件,如Depthmap等,用于量化空间布局对人类行为的影响。

空间句法的核心是探究空间结构如何影响人类行为,强调空间布局的逻辑性和可达性对社会互动和城市活力的决定性作用;通过数学模型和计算机软件,将复杂的物理空间转化为可计算的数据,使空间分析更为客观和精确;空间句法不仅可以用来解释现有的空间使用模式,还能预测未来的发展趋势,为城市规划、建筑设计提供科学依据。

「延伸:空间句法的名称灵感来源于语言学,将空间布局看作是"空间的语法",用以描述和预测人们在空间中的"句子"(即移动路径)。」

站城一体化（Transit-Oriented Development）

站城一体化（TOD）是一种城市规划和发展策略，旨在将公共交通站点（尤其是火车站、地铁站）周围区域打造成为高密度、混合用途的社区，以促进公共交通的使用，减少对私人汽车的依赖，同时增强社区的活力和可持续性。这一概念强调了交通与城市发展紧密结合，优化城市空间布局，提升居民生活质量。20世纪90年代，随着城市蔓延问题的加剧和可持续发展理念的兴起，彼得·卡尔索普等规划师开始系统提出TOD概念，强调站城一体化的城市发展模式。

TOD的核心是公共交通站点，确保居民能够便捷地使用公共交通系统，减少出行时间和成本；围绕站点发展高密度住宅、商业、办公等多种功能区域，形成生活、工作、娱乐于一体的综合社区；设计重点在于创建安全、舒适的步行环境，鼓励步行和骑行，减少对汽车的依赖；减少城市扩张，保护自然资源，通过紧凑型开发减少能源消耗，促进低碳生活。

「延伸：一些TOD项目倡导"五分钟生活圈"理念，即居民在步行五分钟内可达日常所需的各种服务和设施，极大地提升了生活便利性。在TOD区域，公共交通系统通常享有优先权，如专用公交道、优先信号灯系统等，确保公共交通的高效运行。」

城市消极空间（Urban Negative Spaces）

城市消极空间，有时也被称为城市废弃空间、未利用空间或城市缝隙，是指在城市环境中那些未被有效利用或规划不当的空地、角落、废弃建筑等区域。20世纪60年代，简·雅各布斯在其著作《美国大城市的死与生》中，批评了现代城市规划忽视小尺度公共空间的重要性，间接提出了对消极空间改造的必要性。进入21世纪，随着环境心理学、社会学及景观建筑学等学科的交叉融合，对城市消极空间的研究和改造策略逐渐丰富，如"创造性再生""微观干预"等理念的提出。

改进城市的废弃角落首先要识别它，然后通过设计策略将其转变为积极的公共空间，增加城市活力和居民的归属感；鼓励社区居民参与消极空间的改造过程，确保改造后的空间满足社区的实际需求，促进社区凝聚力；设计上强调空间的多功能性和灵活性，使这些空间能适应多种用途；在改造中融入绿色基础设施和可持续设计原则，如雨水花园、绿色屋顶，提升城市生态质量。

「延伸：口袋公园是一种城市消极空间改造的常见策略，即将小片未利用土地改造成小巧精致的公共公园，提供休憩和社交空间，如纽约佩雷公园。利用低成本、小规模的"微干预"设计策略，如街头艺术、小型座椅、照明改善等,也是快速提升消极空间吸引力和使用率的有效方法。」

城市双修(Double Urban Repairs)

城市双修,正式名称为"城市生态修复与城市修补",是中国特色的城市更新策略,旨在通过生态修复和城市空间修补,提升城市环境质量,促进城市的绿色发展和可持续发展。这一概念首次提出于 2015 年底的中央城市工作会议上。2016 年,住房和城乡建设部启动了第一批城市双修试点城市工作,标志着该战略正式进入实施阶段。

城市双修旨在恢复受损的自然生态系统,包括河流、湖泊、湿地、山体等,通过生态工程技术恢复生物多样性,提升城市生态环境质量;侧重于改善城市功能布局、提升城市风貌、保护历史文化,包括整治老旧街区、完善公共服务设施、激活闲置空间、保护历史文化遗产等;强调城市是一个复杂的生态系统,需要从生态、经济、社会、文化等多个维度出发,采取综合措施,实现城市功能与环境的全面提升;鼓励市民和社会力量参与城市双修项目,通过公众参与设计、监督实施,增强项目的社会认同感和可持续性。

「延伸：城市双修中经常用到"绿色廊道"这一生态修复策略，即通过连接城市绿地、公园、水系等自然要素，形成连续的绿色网络，为城市提供生态走廊，促进生物多样性。」

第三空间（Third Place）

第三空间概念最早由美国社会学家雷·奥登伯格在 1989 年出版的《绝好的地方》一书中提出。这个概念描述了除家庭（第一空间）和工作场所（第二空间）之外，人们用于社交、放松和交流的非正式公共空间。

第三空间的核心在于提供一个促进人们面对面或在线互动的场所，增强社区归属感和开拓社交网络；不同于家庭和工作场所的正式性，第三空间鼓励轻松、自由的交流，对所有社会群体开放；往往与特定的文化活动、艺术表现或地域特色相结合，成为表达社区身份和文化认同的空间；许多第三空间，如咖啡馆、书店，因其轻松的氛围成为创意工作者工作和思想交流的温床。

「延伸：随着互联网技术的发展，社交媒体、在线论坛、虚拟现实平台等成为新的第三空间，为人们提供了超越物理限制的交流和聚集场所。」

智慧社区(Smart Community)

智慧社区是指利用信息技术、物联网、云计算、大数据等现代科技手段,对社区的管理、服务和居民生活进行全面智能化升级,旨在提高居民生活品质、促进社区可持续发展、增强社区治理能力的新型社区形态。智慧社区的概念兴起于 21 世纪初,随着智慧城市理念的推广和信息技术的飞速发展,智慧社区作为智慧城市建设的微观单元,逐渐成为城市管理和社区服务创新的重要方向。物联网、大数据分析、人工智能、5G 通信技术等关键技术的成熟和应用,为智慧社区的实现提供了技术支持和基础设施保障。

智慧社区通过集成的信息管理系统,实现社区安全监控、环境监测、物业管理、停车管理等的智能化,提高管理效率和服务水平;智慧社区还提供在线政务服务、智慧医疗、智能教育、电子商务、智能家居等服务,让居民足不出户即可享受便利生活;强调节能减排、资源循环利用,通过智能垃圾分类、绿色建筑、智慧能源管理等措施,促进社区环境的可持续发展;利用社区网络平台促进居民间的交流与互动,增强社区凝聚力,同时鼓励居民参与社区治理,实现共治共享。

「延伸:运用数字孪生技术,构建社区的虚拟镜像，实时监测和模拟社区运行状态，为决策提供数据支持，提升管理和服务的精准度。其中智慧路灯杆集成了Wi-Fi 热点、环境监测、视频监控、紧急呼叫等功能，成为智慧社区基础设施建设的一个亮点。」

收缩型城市（Shrinking City）

收缩型城市指的是经历长期人口流失、经济衰退，导致城市规模缩小、人口减少、经济活动减弱的城市现象。进入 21 世纪，学者们开始系统研究城市收缩现象，如德国图宾根大学的城市地理学家团队在 2004 年提出的"国际收缩型城市项目"，为收缩型城市研究提供了理论框架和实证基础。

收缩型城市的核心特征是持续的人口流失，导致劳动力市场紧缩、消费市场萎缩；随之而来的是就业机会减少、企业倒闭、税收减少，进一步加剧经济困境；大量房屋空置、商业区衰败、公共设施利用率下降，造成城市空间资源浪费；面对收缩，城市开始探索适应性策略，如城市收缩管理、城市更新、再自然化等，旨在改善生活质量，促进可持续发展。

「延伸：虽然与收缩型城市不大相同，但逆城市化现象，即人口从大城市向乡村或小城镇迁移的趋势，也是导致某些城市收缩的因素之一，二者相互交织，共同塑造城市发展的新趋势。」

海绵城市（Sponge City）

海绵城市是一种基于自然生态理念的城市雨洪管理策略，旨在通过增强城市生态系统的服务功能，使城市像海绵一样，在适应环境变化和应对自然灾害方面具有良好的弹性，有效控制雨水径流，实现自然积存、自然渗透和自然净化的城市雨水管理目标。2014年，中国正式提出海绵城市建设，成为世界上首个将海绵城市理念上升为国家战略的国家。同年，住建部发布《海绵城市建设技术指南》，为海绵城市建设提供了指导框架。

海绵城市的构建是通过增加绿色空间和透水铺装，让城市能够像海绵一样"吸水"，减少地表径流，减轻排水系统压力；促进雨水渗透到地下，补充地下水，改善城市地下水位，增强城市水文循环；利用自然植被、湿地等生态措施，对雨水进行初步净化，改善城市水质；提高城市对极端天气事件的适应能力，减少城市洪涝灾害风险，同时兼顾城市美观和生物多样性保护。

「延伸：雨水花园是海绵城市中的常见元素，不仅能够收集和过滤雨水，还能作为城市绿肺，增加城市美感，提升居民生活质量。而在城市道路两侧设置的具有透水功能的树池，既能为树木提供良好生长环境，也能收集雨水，是海绵城市理念的微观应用。」

丰裕社会（Affluent Society）

丰裕社会这一概念由美国经济学家约翰·肯尼思·加尔布雷思在其 1958 年的著作《丰裕社会》中首次提出。加尔布雷思指出，尽管物质生产达到了前所未有的水平，但社会在公共福利、教育、环境保护等方面的投入却相对不足，形成了"私人的奢华与公共的贫困"这一矛盾现象。

丰裕社会的特点之一是消费文化的兴起，商品和服务的种类与数量极大丰富，消费成为推动经济增长的主要动力；虽然物质条件极大改善，但加尔布雷思认为社会在精神文化、公共利益方面的投资不足，导致社会精神层面的"贫困"；私人消费领域过度繁荣，而公共基础设施、教育、健康、环境保护等公共领域投资滞后，影响社会整体福祉；丰裕社会强调从生产主导型经济向消费主导型经济的转变，对经济结构和社会价值观产生了深刻的影响。

「延伸：艺术家和知识分子如波普艺术家安迪·沃霍尔通过作品反映了对丰裕社会消费文化的反思和批评，如《金宝汤罐头》系列，对大众消费符号进行了艺术化再现。随着对丰裕社会的深入反思，可持续发展成为重要议题，人们开始关注如何在保持经济增长的同时，解决资源过度消耗和环境污染等问题。」

响应式设计（Responsive Design）

响应式设计是一种让网页和应用程序能够根据用户使用的设备（如桌面、平板、手机等）的屏幕尺寸、方向和特性自动调整布局和内容的设计方法。2010年，伊桑·马科特在 A List Apart 上发表了题为《响应式网页设计》的文章，首次系统性地提出了响应式设计的三大技术支柱：流体网格、灵活的图片、媒体查询。这篇文章被认为是响应式设计的起点。

响应式设计要求能够灵活适应不同设备和屏幕尺寸，无须为每种设备单独设计版本；并确保用户体验的一致性，无论用户使用哪种设备访问；通过调整布局、隐藏或显示内容等方式，优化不同设备上的阅读和操作体验；减少为多种设备设计和维护多个版本的成本和时间。

「延伸：在响应式设计概念提出之前，一些公司曾尝试通过创建多个版本的网站来适配不同设备，如 .MOBI 域名的移动网站，但这种方法维护成本高且用户体验不连贯。响应式设计的出现，极大地简化了这一过程。」

专有名词的确立

有计划废止(Planned Obsolescence)

有计划废止是一种商业策略，旨在通过设计和营销手段促使产品在一段时间后显得过时，从而鼓励消费者更频繁地购买新产品。这一概念最早由通用汽车总裁斯隆与设计师哈利·厄尔提出。

有计划废止通过定期改变产品的外观设计，即使功能未变，也能让消费者感到现有产品已经过时；故意在新产品中引入非必要的技术改进，使旧产品无法与之兼容或显得落后；利用消费者对新潮和时尚的追求，通过广告和营销活动营造出持续的需求和欲望。

「延伸：有计划废止后续创造出"心理时尚"这一概念，指通过创造一种心理上的需求来促使消费者放弃仍能使用的旧产品，转而购买新款式。」

永久设计(Permanent Design)

永久设计，有时也称为永恒设计或经典设计，是一种追求设计持久性、超越时间限制的设计理念。它强调设计出的产品不仅在功能上持久耐用，而且在美学上经得起时间考验，不会随潮流快速过时。这一理念是对有计划废止策略的一种反思和对抗。德国工业设计师迪特·拉姆斯对永久设计有重要贡献，他提出的"好设计的十项原则"中，明确提出了设计应简洁、耐用、诚实，这些原则成为永久设计的重要指导。

永久设计的产品应具备高质量和耐久性，能够长时间使用而不降低性能；设计风格应超越时尚，不随时间流逝而显得过时，具有跨时代的审美吸引力；强调设计应以满足实际需求为核心，去除不必要的装饰，注重功能性和实用性；永久设计还强调减少资源消耗，提倡设计出的产品能减少环境负担，支持可持续发展。

「延伸："少，但更好"是迪特·拉姆斯的著名口号，强调设计应追求精练，减少物质消费，追求更高的生活品质。如伊姆斯椅、阿卡西亚台灯、巴塞罗那椅等，这些设计自问世以来，一直是设计界的经典，证明了永久设计的魅力。」

设计伦理（Design Ethics）

设计伦理是设计领域内关于道德原则和行为规范的研究与实践，它探讨设计师在创造产品、服务或环境时应当遵循的道德标准，以确保设计成果对社会、环境和使用者负责。20世纪末至21世纪初，随着对设计的社会、环境影响的深入讨论，设计伦理作为一个独立领域逐渐形成。学者如维克多·帕帕奈克在其著作《为真实的世界设计》中,批判了设计中忽视社会责任的行为,推动了设计伦理的系统化研究。

设计伦理强调设计师应承担起对社会、环境的责任,确保设计活动不损害公共利益,关注弱势群体的需求;在设计中考虑资源的可持续利用,减少环境影响,促进循环经济;倡导设计过程和产品的透明度,避免误导性设计,尊重消费者的知情权;设计应尊重不同的文化、价值观和身体条件,避免歧视和刻板印象,促进社会包容性。

「延伸:一些组织和公司制定了设计伦理准则,如谷歌的 Material Design 设计系统就包含伦理考量,强调尊重隐私、包容性设计等原则。在设计思维流程中,越来越多地融入伦理考量,确保从问题定义到解决方案实施的每个阶段都考虑道德维度。」

设计批评(Design Criticism)

设计批评是一种对设计作品、设计实践、设计理论以及设计与社会、文化、经济关系进行分析、评价和讨论的活动。设计批评的早期形态可以追溯到工艺美术运动时期,约翰·罗斯金和威廉·莫里斯等人对工业革命带来的批量生产和设计质量下降表达了批评,为设计批评奠定了基础。20世纪初,随着现代主义设计的兴起,设计批评开始系统化。赫伯特·里德和特奥多尔·阿多诺等人的著作,将设计置于更广阔的社会文化背景中进行审视。

设计批评不仅评价设计作品的形式、功能、美学,还深入分析其背后的设计理念、社会影响及文化含义;通过批判性分析,指出设计中存在的问题,引导设计师和公众对设计有更深入的理解和反思;设计批评融合了艺术理论、社会学、哲学、经济学等多学科知识,形成跨学科的批评视角;现代设计批评鼓励公众参与,通过展览评论、博客、社交媒体等渠道,让更多人参与到设计的讨论中来。

「延伸:设计评论家作为职业,在设计界扮演着重要角色,如艾莉森·克拉克和奥利弗·温赖特等,他们的文章和演讲对设计趋势和设计教育有着深远影响。20世纪中叶,随着《纽约时报》《设计杂志》《建筑文摘》等媒体对设计的深入报道,设计批评进入了黄金时期。」

设计心理学(Design Psychology)

设计心理学是研究人类心理与设计之间相互作用的学科,旨在理解人们如何感知、理解和使用设计,以及设计如何影响人们的情绪、行为和认知。20世纪中叶，唐纳德·诺曼等学者的工作对设计心理学的形成产生了重要影响。诺曼在《设计心理学》系列书籍中，特别是《情感化设计》中，详细探讨了设计如何影响用户的情感反应和行为。

设计心理学强调以用户为中心，深入了解用户需求、偏好和心理模型，以设计出更加符合用户期待的产品；深入研究用户如何感知信息、记忆、学习以及做出决策，以优化设计元素，如色彩、形状、布局等，提高信息传递的效率和效果；重视设计对用户情感的影响，通过设计诱发积极情绪，如愉悦、舒适，或通过设计元素传达品牌个性和价值观；在空间设计中，探索物理环境如何影响人的行为和心理状态，如开放式办公空间对创造力的影响，或医院环境设计如何减轻患者焦虑。

「延伸："门把手原则"是诺曼提出的概念，强调设计应直观易懂，如同门把手，人们无须思考就知道如何使用。这一原则被广泛应用于界面设计和产品设计中。」

美学（Aesthetics）

美学这门深邃而迷人的学问，源起于哲学领域，专门探究人类与世界之间的审美关联。它既承载着理性的思辨，又蕴含感性的体验，是一门横跨哲学、艺术、心理学、人类学等多领域的综合性学科。美学的核心研究对象是审美活动，这是一种以意象世界为中心，体现为人类精神追求与情感体验的活动。

该学科的命名可追溯至 18 世纪德国哲学家亚历山大·戈特利布·鲍姆嘉通，他在著作《美学》中首次系统地构建了美学的框架，标志着美学作为独立学科的诞生。"aesthetics"一词源自希腊语"aisthēsis"，原意是感知与感觉，这彰显了美学与感官体验的深刻联系。

美学的探讨范围广泛，不仅限于美的本质这一根本议题，还包括审美意识与审美对象间的复杂互动、美的价值与规律以及美的创造与发展过程。它关注如何通过艺术及其他形式的审美表达，揭示和塑造人类对世界的理解和情感反应，同时探讨美感如何在不同文化和社会背景下被理解和评价。

美学的意义超越了学术范畴，它对个人而言，是寻求心灵慰藉、提升生活品质的途径；对社会而言，则是推动文化创新、促进经济发展的动力。例如，苹果公司在设计产品时融入美学理念，不仅创造了具有高度审美价值的产品，也成功塑造了品牌价值观，体现了美学在现代商业中的应用价值。

综上所述,美学不仅关乎理论的探讨,更是实践与感知的艺术,它深入人类生活的各个层面,引导我们理解美的真谛,感受世界的多彩,并在这一过程中不断丰富我们的精神世界与文化内涵。

「延伸:瑞士心理学家爱德华·布洛进行了一项有趣的实验,探索颜色的心理效应。他让参与者比较两个面积和角度相等但颜色深浅不同的三角形,询问哪个看起来更"重"。这个实验揭示了色彩能影响我们对物体物理属性的感知,展示了心理美学的一个方面。」

美学三要素(Three Elements of Aesthetics)

托马斯·阿奎纳,作为中世纪重要的哲学家与神学家,对美学的贡献之一是他提出的美的三要素理论。这一理论在多个文献中有所记载,并被广泛引用,尽管表述上略有差异,但核心内容一致。

这三个要素分别是:

1. 完整性:这是指事物应该具备的一种完善状态,不带有任何残缺或不足。阿奎纳强调,任何不完整之物,仅凭这一点就足以被视为丑陋。这一概念沿袭自亚里士多德的思想,认为美在于事物的圆满无缺。

2. 比例：涉及事物内部各部分之间和谐且适宜的比例关系。比例不仅是数学上的均衡，更是视觉上和形式上的协调，体现了毕达哥拉斯学派对于宇宙秩序和谐之美的追求。

3. 鲜明性：指的是事物应当具有的清晰度或光泽，使其内在的美得以显现。这一要素强调色彩的鲜明和表现出来的独特光芒，灵感来源于伪狄奥尼修斯对美的光辉的描述。

这些美学要素的总结，体现了阿奎纳试图以理性的方式探讨美的本质，将美学理论与当时的哲学、神学思想相融合。这些观念至今仍对美学研究产生巨大影响，尤其是在讨论美的哲学基础和艺术评价标准时。

「延伸：不同的文化和历史时期对美的定义和评价标准有所不同。例如，在东方美学中，留白、意境和不对称常常被视为美的重要方面，这与西方美学中对对称、明确形态的偏好形成对比。这些差异体现了美学三要素在跨文化语境下的多样性。」

美学可用性效应（Aesthetics Usability Effect）

美学可用性效应是指在界面设计中，具有吸引力的视觉外观能够提升用户对系统可用性的感知，即便实际的可用性水平没有改变。换句话说,当用户认为一个界面是美观的,他们倾向于对其功能上的小瑕疵更加宽容,并给予更高的整体评价。这一现象源于人类天生倾向于欣赏和偏爱美观的设计,这导致了正面的情感反馈,从而影响了他们对产品性能的判断。

尽管原始研究强调了美学对可用性感知的显著影响,后续研究也指出,维持设计的吸引力与确保功能性之间的平衡至关重要。换言之,尽管"一美遮百丑",设计实践中仍需警惕,不应让视觉魅力成为掩盖功能缺陷的借口。通过不断迭代设计,结合用户反馈,确保美学与可用性并驾齐驱,是提升产品市场竞争力的关键策略。

工业美学(Industrial Aesthetics)

工业美学风格是指在设计和建筑领域中,借鉴和保留工业时代的特征与元素,将粗犷、实用、裸露的结构和材料转化为美学表达的一种设计风格。这种风格起源于 20 世纪初,随着工业化的快速发展,旧有的工业建筑和设施被重新审视和利用,进而影响到室内设计、产品设计乃至时尚等领域,形成了一种独特的审美趋势。

工业美学强调原材料的真实质感,如裸露的砖墙、未加粉饰的混凝土、金属管道、木质横梁等,这些元素不加掩饰地展示，呈现出未经雕琢的原始之美；通常以黑、白、灰为主色调，这些色彩简洁、冷峻，与工业环境中的基础建材色调相呼应，营造出冷静、理性的氛围；受现代主义和功能主义的影响，工业风格设计强调实用性和功能性，每一件家具和装饰都力求简洁明了，没有多余的装饰，体现出"形式服从功能"的原则；通过使用回收或再利用的旧物件、复古家具和工业零件，工业美学风格展现了对过去工业时代的怀念和致敬，同时体现了环保和可持续发展的理念；大量利用自然光和工业照明设备，如吊灯、轨道灯等，创造出具有层次感的光影效果，增加空间的立体感和戏剧性；工业美学并不排斥与其他风格的混搭，如与复古、极简或现代设计的融合，创造出独特且具有个性的空间。

「延伸：早期工业空间改造为艺术家工作室的现象，为工业美学风格的流行奠定了基础，艺术家们偏爱这些宽敞、光线充足且租金相对低廉的空间，他们对空间的个性化改造，启发了后续的室内设计潮流。工业美学中的"未完成"或"半成品"状态，有时被视为一种美学态度，它挑战传统意义上对完美的追求，倡导一种真实、不加修饰的美。」

科技美学（Technology Aesthetics）

科技美学风格是一种设计哲学和实践方法，它聚焦于科技产品和环境中的审美特性，强调技术与美学的深度融合，以及对用户体验、技术创新和未来趋势的前瞻性探索。20世纪中叶，现代主义设计运动强调"形式服从功能"，影响了科技产品的设计理念，促成了科技美学的初步轮廓。20世纪末至21世纪初，随着信息技术的爆发，产品设计中融入了更多数字元素，科技美学开始关注界面设计、用户体验等新领域。近年来，随着AI、VR/AR等技术的广泛应用，科技美学进一步拓展，探索人机交互的新模式，以及科技如何更优雅地融入日常生活。

科技美学追求设计在满足功能需求的同时，体现美学价值，实现技术性能与艺术表现的平衡；受到现代主义影响，科技产品设计倾向于简洁线条、清晰界面，以及直观的操作逻辑，减少冗余，提升使用效率；运用高科技材料和先进制造技术，如碳纤维、纳米材料、3D打印等，创造新颖的质感和形态，提升产品的科技感；随着人工智能、物联网等技术的发展，科技美学强调产品的互动性和智能性，让用户与产品之间的关系更加动态和个性化。

「延伸：乔纳森·伊夫领导下的苹果设计团队，通过 iPhone、iPad 等产品，将极简主义和人性化设计推向极致，成为科技美学的标志性案例。」

技术美学（Technological Aesthetics）

技术美学风格是一种设计哲学与实践方法，它探索并实现技术产品、过程与环境中的美学价值，强调美学与技术科学的和谐统一。此风格不仅关注物品的功能性与实用性，更侧重于如何通过设计传达技术的美感，以及技术如何丰富和提升人类的审美体验。

技术美学风格追求在产品设计中，将仪器的精密、高效与美学的和谐、美感相结合；重视材料的自然属性和加工工艺的美学表现，如通过透明设计展示内部结构，或利用先进材料的特性来增强产品的视觉效果和触感；遵循"形式服从功能"的原则，同时通过创新设计赋予产品以超出预期的美感；同时致力于减少环境影响，倡导绿色设计和循环经济理念。

「延伸：随着智能设备普及，技术美学延伸到界面设计和用户体验，关注人机交互的直观性与愉悦感，如触觉反馈、动态图形等，体现了技术与感知美学的融合。」

机器美学（Machine Aesthetics）

机器美学风格是一种设计哲学，起源于20世纪初，随着工业化进程的推进，它强调将机器的理性、高效、功能性特点融入设计之中，不仅限于产品和工业设计，也深刻影响了建筑艺术。机器美学的理论基础可以追溯到现代主义运动，特别是勒·柯布西耶的"房屋是居住的机器"理念，以及德意志制造同盟和包豪斯学派的推动。同时这一风格影响了多个设计领域，从建筑国际风格到产品设计，甚至影响了后来的高技术风格，后者进一步强调技术细节和构造的视觉展示。随着时代变迁，机器美学也经历了批评与反思，如后现代主义对功能主义的挑战，以及对更多人性化、情感化设计需求的响应。

机器美学首先强调设计必须服务于功能，倡导"形式服从功能"原则，反对无意义的装饰，主张设计的每一个元素都应有其实用目的；设计倾向于简洁线条、几何形状，以及未加修饰的材料，体现机器生产的精确与效率；如同机器可以在不同环境中运作，机器美学倡导设计应具备普遍适用性，能够适应多种环境和需求，强调模块化和标准化；不隐藏构造和材料，反而强调展示技术组件和结构，如暴露的管道、螺栓、轴承等，使之成为设计的一部分,体现技术的美学价值;机器美学风格常与现代工业材料如钢材、玻璃、混凝土相结合,象征着工业时代的进步和力量。

「延伸:艺术家如费南·莱歇等人的作品,通过抽象的形式探索机器时代的美学,将机器的元素融入绘画,展现了机器与现代生活的视觉语言。」

发生学美学(Genetic Aesthetics)

发生学美学是美学领域中的一个特殊分支,它侧重于研究审美体验、艺术现象及其起源和发展过程。这一领域结合了发生学(研究事物起源和发展过程的学科)与美学的原理,旨在深入理解美的本质、艺术的生成机制及其在不同文化和社会背景下的演变规律。

发生学美学采用历史发生学的方法,关注艺术和审美观念是如何随时间演变而形成的,强调从起源到现状的连续性分析;这一研究领域跨越哲学、艺术史、心理学、人类学等多个学科,通过多角度综合考察,揭示审美感知和艺术创作的社会、心理及生物学基础;发生学美学不仅关注艺术成品,更重视创作过程和艺术家的心理动力,试图解析艺术作品如何从无到有,其内在逻辑和外在影响因素;部分学者会应用进化论的原理来探讨审美偏好和艺术形式的演化，比如探讨某些艺术形式或审美标准是否具有生物进化的基础；发生学美学同时考虑个体创造力的发展轨迹以及艺术作品在社会文化中的定位，研究两者之间的互动关系。

其具体的研究方法是通过具体艺术作品或艺术流派的历史案例，分析其形成背景、发展过程及影响因素；比较不同文化和时期的艺术表现，寻找共性与差异，以揭示审美标准和艺术形式的普遍规律和特定变体；运用心理学理论，尤其是儿童心理发展理论，探究审美感知能力的早期发展和成熟过程；结合历史文献记录和考古发现，重建古代艺术形态和审美观念，以追溯其发生学源头。

「延伸：发生学美学的研究成果有助于我们更全面地理解艺术的多样性与复杂性，为艺术教育、艺术批评及创意产业提供了理论支撑。它鼓励我们超越纯粹的形式分析，深入探究艺术背后的深层动因，促进艺术实践的创新与发展。」

关系美学（Relational Aesthetics）

关系美学是一种当代艺术理论，由法国策展人及评论家尼古拉斯·伯瑞奥德在 90 年代末提出，后通过其

1998年出版的著作《关系美学》而广为人知。这一理论认为艺术的价值在于它能够建立或揭示人与人之间的关系，以及这些关系如何在特定的社会和文化语境中被塑造。它强调观众参与的重要性，艺术品经常设计成事件、情境或交流平台，鼓励观者不只是作为旁观者，而是成为艺术体验的一部分。

关系美学的作品往往邀请观众参与，通过对话、合作或共同活动，观众与作品、艺术家及其他参与者之间形成动态的交流网络；艺术品成为人们聚集、交流想法和情感的场所，强调艺术体验的社会性维度；关系美学艺术家常利用日常生活中的元素和情境，将其转化为艺术体验，探索日常生活中的美学潜力。

「延伸：里克利·提拉瓦尼的厨房装置艺术是一个典型例子。艺术家将画廊空间转变为一个烹饪和共享食物的地方，观众成为活动的参与者，共同烹饪和用餐，从而创造出独特的社交环境和人际互动。」

比较美学（Comparative Aesthetics）

比较美学并非指一种具体的美学风格，而是指一种研究方法，同时指代一个学术领域，它需要跨文化、跨时期地分析和比较不同美学体系、艺术理论和风格特点。

这一领域旨在通过比较的方法来深化对美学概念的理解，探索美学观念的共通性与差异性，并促进不同文化美学思想的交流与融合。

比较美学致力于跨越地理和文化界限，研究不同文化背景下的美学观念，比如东西方对于美的定义、艺术的功能和价值的认识等；它通过时间轴审视美学思想的发展，比较不同历史时期美学理念的演变，探讨其背后的历史、社会、哲学等因素；尝试整合各种美学理论，比如将古典美学与现代美学理论进行对比，寻找美学原则的普遍性和特殊性；发展并应用比较分析的方法，其中不仅限于文本对比，还包括艺术作品、审美体验、艺术实践的比较研究。

具体的研究方法包括艺术风格对比，比如比较中国书法的美学风格与西方抽象表现主义，分析两者在形式、技法、精神内涵上的异同；对古希腊哲学中的美学观念与印度美学理论（如"味论"）的比较，揭示不同文明中对美的本质探讨；在全球化背景下，比较美学帮助我们理解当代艺术如何在全球范围内交流和影响，如何在保留本土特色的同时吸收外来美学元素。

「延伸：在比较过程中，学者们经常辩论美学标准是否具有普遍性，还是完全受文化背景制约。如何公正、准确地比较不同文化背景下的美学概念,避免文化中心主义,是一大挑战。」

现象学美学(Phenomenological Aesthetics)

现象学美学起源于 20 世纪初的现象学运动,这一美学分支由埃德蒙德·胡塞尔开创。胡塞尔的现象学关注意识的直接体验,他在《观念 I》中提出了纯粹现象学的方法论,为美学研究奠定了哲学基础。随后梅洛-庞蒂在其著作《知觉现象学》中进一步发展了现象学美学,强调身体在感知世界中的核心作用,以及艺术如何通过感官体验揭示世界的本质。

现象学美学重视艺术作品与观众之间直接、未经过滤的感知互动,认为艺术的意义和价值在于其被感知的方式;强调主体的情感和意识状态在审美体验中的重要性,艺术不仅是客观对象,也是主体感受和理解的产物,艺术体验不仅仅是视觉或听觉的,更是整个身体的参与,艺术作品通过激活身体感觉促进更深层次的理解和体验。

「延伸:胡塞尔提出的"意向性"概念在现象学美学中至关重要,它指的是意识总是指向某物的特性,即我们在感知艺术作品时,我们的意识不是被动接受,而且主动地投向并构成我们所感知的对象。现象学美学不仅限于高雅艺术，它同样关注日常生活的审美体验，如梅洛－庞蒂对街头艺术和环境设计的分析，展示了美学存在于广泛的生活情境中。」

共同体美学（Communitarian Aesthetics）

共同体美学是一种强调集体价值、社会归属感及共同参与的美学理念。它不同于个体主义美学，侧重于艺术作品如何促进社会团结、强化公共利益以及体现共同价值观。共同体美学的理论根源可追溯至社会学、伦理学及政治哲学中的共同体主义理论，它反对极端个人主义，强调社会关系和集体责任的重要性。

共同体美学重视作品中体现的集体意识，强调个体与集体之间的互动与相互依存，鼓励通过艺术作品促进社会成员之间的联系和理解；艺术作品在这一美学框架下往往旨在传达和弘扬对公共利益的关注，通过艺术手段反映和解决社会问题，提升社会责任感；追求社会和谐与文化共融是其核心目标之一，艺术作品力求展现多元文化背景下的共识与团结，促进不同群体之间的理解和尊重；通过艺术作品传达统一或共享的价值观，如爱国情怀、社会责任、互助合作等，强化社会凝聚力。

「延伸：在共同体美学指导下，电影制作人越来越重视情感共鸣的构建，通过细腻的情节设计和角色塑造，让观众能在观影过程中感受到与他人乃至整个社会的深刻连接。艺术家和创作者在实践共同体美学时，常常主动承担起社会责任，通过艺术作品反映社会问题，如环保、扶贫等，激发社会正能量。」

接受美学（Reception Aesthetics）

接受美学是一种关注艺术作品意义生成过程中的接受者角色及其主观经验的理论。它主张艺术作品的意义并非预先设定，而是在读者、观众或听众的接受过程中动态生成的。该理论强调了艺术接受者的主体性，认为艺术品的价值和意义在于它与接受者之间的互动关系。接受美学的理论基础可追溯到德国文学理论家汉斯·罗伯特·姚斯和沃尔夫冈·伊瑟尔的工作，他们在20世纪60—70年代提出了"期待视野"和"空白"等概念，为接受美学奠定了基础。

接受美学打破了传统美学中作者中心论的局限，转而关注艺术品如何被不同背景、不同经验的接受者解读；强调艺术品的意义不是静态的，而是随着时间和接受者的不同而变化，每次阅读或观看都可能产生新的理解；

艺术品的意义受到接受者所处的历史时期、文化背景及个人经历的影响，因此是历史性和语境化的产物；提倡读者或观众的积极参与，认为他们的创造性解读是艺术作品生命力的源泉。

「延伸：在当代，接受美学继续与其他理论，如女性主义、后殖民理论等交叉融合，进一步丰富了对艺术接受过程复杂性的探讨。」

非视觉美学（Non-Visual Aesthetics）

非视觉美学探讨的是超越视觉感知范畴的艺术和审美体验，关注听觉、触觉、嗅觉、味觉以及内在感知等其他感官维度在创造和欣赏美学作品时的作用。它挑战了长久以来视觉主导的美学观念，倡导一个多感官、全面体验的艺术世界。梅洛-庞蒂的身体现象学强调身体在感知世界中的中心地位，为非视觉美学提供了哲学支撑。

非视觉美学风格强调艺术作品应被设计成能够触发多种感官反应，从而创造出更加丰富和深层次的审美体验的东西；鼓励艺术创作跨越单一媒介界限，结合声音艺术、触觉装置、嗅觉艺术等多种形式，探索感知的新界面；重视个体在不同感官刺激下的独特体验和情感反应，强调个人差异和感知的主观构建；非视觉美学作品往往与展示环境紧密相关，利用空间、时间以及特定情境增强作品的感知深度。

「延伸：约翰·凯奇的《4分33秒》是一场著名的无声音乐表演，让观众专注于环境中的声音，体现了非视觉美学的理念。」

速度美学（Speed Aesthetics）

速度美学是一种关注速度、即时性、流动性和动态变化在艺术创作和审美体验中的作用的理论框架。它强调现代社会中速度带来的美学特质，以及快速变化的环境如何影响艺术的创作、传播和接受。20世纪初，未来主义运动明确提出了速度美学的概念，韦伯、本雅明等人对现代性的探讨，尤其是本雅明关于"机械复制时代"的艺术理论，为速度美学提供了理论基础。

速度美学作品往往通过快速剪辑、瞬间转换或瞬时体验来体现时间的压缩感，反映现代社会节奏的加速；强调动态美，通过连续的运动、流动的图像或瞬间的捕捉来表现速度的美感；与技术发展紧密相连，特别是摄影、电影、数字艺术和网络艺术，这些媒介能够有效传达速度感和即时性；关注速度对感知的影响，比如如何通过快速变化的视觉信息激发观者的兴奋、紧张或不安情绪。

「延伸：路易斯·布努埃尔和萨尔瓦多·达利主演的短片《一条安达鲁狗》，以其超现实和快速剪辑技巧，被视为速度美学的早期电影代表作。」

瞬间美学（Instant Aesthetics）

瞬间美学着重于探讨和表现那些短暂、即兴且常常由技术驱动的美学体验，强调在当代社会中，通过数字媒体和社交平台捕捉并分享的"此刻"之美。它关注的是在快节奏生活中，如何把握并对那些稍纵即逝的瞬间进行审美。虽然"瞬间"概念自摄影技术出现以来就已存在，但直到20世纪，随着便携相机的普及，记录瞬间才成为大众文化的一部分。20世纪90年代末至21世纪初，随着互联网和数字相机的普及，分享瞬间变得更加便捷。Facebook、Twitter、Instagram等平台的兴起，特别是Instagram Stories和Snapchat的"阅后即焚"功能，极大地推动了瞬间美学的发展。

瞬间美学核心在于即时创作、即时分享和即时消费，强调现在时态的艺术表达；内容常以片段、截取的形式出现，如短视频、照片快拍，这些碎片化的信息构成了丰富多样的视觉叙事；依托智能手机、社交媒体和即时通信软件，技术不仅是创作手段，也是审美体验的一部分；观众不再是被动接受者，而是通过点赞、评论、转发等方式积极参与到美学体验的创造者与传播者。

「延伸：在信息过载的环境中，人们的注意力成为稀缺资源，瞬间美学作品需快速吸引并保持这种稀缺资源。不论是微内容还是快闪，都是现代瞬间美学的延伸。」

实时艺术（Real-Time Art）

实时艺术旨在探索和实践基于计算技术和即时数据处理的艺术创作，其核心在于创造能够随时间流畅变化、响应环境或观众互动的艺术体验。这种风格强调当下性与不可预测性，将艺术作品视为一个活生生的、不断演化的实体。20 世纪 50 年代末至 60 年代，计算机生成艺术开始出现，艺术家们开始探索用代码创作艺术。

实时艺术作品的生成和变化依赖于实时数据输入，如传感器数据、观众互动、网络信息流等；作品高度强调与观众的直接互动，观众的行为直接影响作品的形态或内容；并且广泛使用编程语言、算法、硬件接口等，将艺术与计算机科学紧密结合；艺术作品还要能够适应环境变化，创造出每次体验都独一无二的动态视觉或听觉景观。

「延伸：实时艺术随着 AI 技术的发展，可以通过算法或程序自动生成艺术作品，进而强调过程和结果的不确定性。」

动态美学（Dynamic Aesthetics）

动态美学风格专注于探索运动、变化和时间流逝中的美感。它突破了传统静态艺术的局限，通过引入动态元素，使艺术作品呈现出更加生动、多变的视觉效果。这种风格鼓励艺术家和设计师在创作中融入时间性和动态性，从而引发观众的参与感和共鸣。动态美学的理论基础融合了形式主义美学、现代艺术理论以及数字媒体技术等方面的成果。它强调艺术作品在动态变化中所展现的美感和意义，突破了传统美学对静态艺术的关注。

动态美学风格作品通过运动、变化和时间的流逝展现美感和意义，使观众能够感受到艺术的生动与活力；这种风格鼓励艺术家和设计师打破传统束缚，以创新的方式进行艺术创作和设计；动态美学风格的作品往往具有更强的互动性，能够吸引观众的参与，并与之产生情感共鸣。

「延伸：在动态设计中，艺术家和设计师常常运用各种视觉特效和动画技术来增强作品的动态美感,如渐变、旋转、缩放等。」

动能美学(Kinetic Aesthetics)

动能美学是一种艺术理论和实践方向,专注于探索运动、时间和空间中的美感,以及这些元素如何相互作用以创造独特的视觉与感官体验。它强调动态性、变化和观众参与,力图打破静态艺术形式的界限,通过运动来表达艺术的概念和情感。19 世纪末至 20 世纪初,未来主义艺术家如卢西奥·丰塔纳探讨了速度与动力对艺术的影响。20 世纪 50—60 年代,动能艺术运动兴起,代表人物如亚历山大·考尔德、让·丁格力等,他们的雕塑作品利用风力或电机驱动,开创了新的艺术领域。随着数字技术的发展,现代动能艺术更加多元,融入虚拟现实、人工智能等,如动态光影装置、互动数字雕塑。

动能美学作品的核心在于运动,利用机械、电子、光效或自然力量创造持续变化的形式;时间成为作品构成的关键要素,观众体验随时间流逝而变化;结合现代科技,如电机、传感器、计算机编程,实现精确的动态控制;鼓励观众通过视觉、听觉乃至触觉与作品互动,感受动态艺术的直接反馈。

「延伸：一些公共空间安装了大量的动能雕塑，如美国的风动雕塑公园，展示了动能艺术与自然环境的和谐共存。」

过程美学（Process Aesthetics）

过程美学是一种艺术理念，强调创作过程本身的重要性，而非最终产品。它主张艺术的价值在于创作者与材料、环境之间的互动，以及作品随时间推移的演变。过程美学认为艺术是一种体验，重视探索、实验和偶然性在创作中的角色。20世纪60—70年代，随着极简主义和概念艺术的发展，艺术家如罗伯特·莫里斯、索尔·勒维特等人的工作聚焦于过程、系统和观念，让过程美学得到了广泛的认可。

过程美学将创作过程视为艺术的核心，艺术家的思考、决策和行动过程被赋予审美价值；作品往往不预设固定形态，其最终状态是开放和可变的，可以随展览环境、时间或观众互动而变化；艺术家与所使用的材料建立了一种对话关系，材料的性质和限制成为创作的一部分；创作过程的记录，如照片、视频或日志，常被视为艺术作品的组成部分。

「延伸：艾伦·卡普罗提出"偶发艺术"概念，鼓励即兴创作和意外事件在艺术中的作用,影响了过程美学的形成。许多过程美学的实践者,如沃尔特·德·玛利亚,将创作过程延伸到自然环境中,如沙漠、山脉,创作出与自然景观共生的艺术作品。」

形式主义(Formalism)

形式主义作为一种艺术理论和批评方法,强调艺术作品的形式特征,如线条、色彩、形状、结构和材质,而非内容、主题或艺术家的意图。20世纪初,俄国形式主义文学理论家,如弗拉基米尔·普罗普和罗曼·雅各布森,开始分析文学作品的内在形式和结构,这是形式主义在文学批评领域的早期应用。克莱门特·格林伯格在20世纪中期发表了一系列文章,如《前卫与庸俗》,将形式主义推向了艺术理论的前沿。他主张艺术应专注于媒介的内在逻辑,如绘画应关注平面性、色彩和笔触,这成为抽象表现主义的理论基础。

形式主义的核心在于认为艺术作品的价值在于形式上的创新和完美,而非社会、政治或宗教的寓意;强调每种艺术媒介应追求自身的本质特征,如绘画应探索二维表面的可能性,雕塑则应关注空间、体积和材料;通过细致分析作品的形式元素来理解其美学价值,而非依赖于外在因素。蒙德里安的《红、蓝、黄的构成》展现了纯粹几何形态和色彩的平衡，体现了形式主义的思想。康斯坦丁·布朗库西的雕塑如《无尽之柱》，通过对形式的极致简化，展示了形式主义在雕塑中的应用。除了克莱门特·格林伯格，迈克尔·弗雷德也是重要人物，他在《艺术与物性》中进一步探讨了极简主义艺术中的形式问题。

「延伸：形式主义批评方法紧密关联于现代主义艺术运动，它帮助定义了如抽象表现主义、极简主义等现代艺术风格。虽然形式主义在理论界占据主导地位多年，但它也面临批评，特别是对于忽视艺术的社会文化背景这一点。」

美感（Aesthetic Feeling）

在艺术世界里，美感是指人们感受美、欣赏美和理解美的心理活动和情感体验。它不光是个人的主观感受，也和文化背景、社会环境有关，每个人的感受可能都不一样。简单来说，美感就像是看到一幅画或者听到一首歌时，心里产生的那种喜欢和满足的感觉。这种感觉可能来自作品的样子、颜色、布局，或者是它带来的想法和情感。美感的产生，一方面和作品本身的样子有关，比如它的设计是否和谐;另一方面,也和作品讲述的故事、表达的意义有联系,这些能触动人心的部分也很重要。而且,观看的环境、心情,还有个人的经历、知识,都会影响美感。

美感虽然很个人化,但也不是完全没有规矩可循,很多美的东西都遵循一些共通的原则,比如事物的比例、对比和平衡。同时,美感也是实践出来的,我们在创作和欣赏艺术的时候,慢慢学会了怎么去感受美。不同文化和时代对美的定义也不一样,这意味着美感是多元化的,每个地方、每个时期都有自己的美感标准。从画画到音乐,再到现代的各种新奇艺术形式,每一种艺术我们都能用自己独特的方式感受美。

「延伸:美感并非单一不变,它随个体、时代、文化背景而异。每个人的美感体验都是独特的,受到个人经历、文化修养、个性特征等因素的影响。例如,不同文化背景下的人们对于色彩、形式的美感认知可能存在显著差异。」

美育(Aesthetic Education)

美育,简单说就是教人认识美、感受美的教育。它通过各种方式,比如艺术、自然和日常生活中的体验,帮助人们提升欣赏美的能力,培养好的情感和创造力。美育不只是学画画或听音乐,还包括发现自然美、社会关系中的和谐美,甚至科学里的规律美。

美育的目标是多方面的,像是让人们对美有更敏感的感觉,激发大家对艺术的兴趣,还有促进个人全面成长。它的内容丰富多彩,从学画画、跳舞到欣赏大自然,再到在日常生活中找寻美好,都算在内。

实施美育有很多方法,像在学校里开艺术课,组织学生去看展览、演出,或者参与户外活动感受自然。同时,也鼓励在其他学科中融入美学教育,比如学习诗歌的美、数学图形的魅力。还有,创造一个美的环境也很重要,这样大家每天都能生活在美好的氛围里。

美育对个人来说,能让人内心更丰富,思维更活跃;对社会来说,则能提升大众的审美,让社会环境更加和谐美好。所以,美育是很重要的教育内容,帮助我们成为更有情趣、更有创意的人。

「延伸:美育的思想源远流长。在西方,柏拉图在其著作《理想国》中就探讨了教育与美之间的联系,而亚里士多德则进一步论述了艺术对于培养道德品质的作用。到了18世纪,德国哲学家席勒在《美育书简》中首次系统地提出了"审美教育"概念,强调美育对于人性完善的关键作用。在中国,早在西周时期,周公"制礼作乐"便是通过礼乐结合进行早期的美育实践。」

审美形态(Aesthetic Form)

审美形态,简单来说,就是在欣赏美时出现的各种表现形式和特点。它像一面镜子,反映了多姿多彩的生活状态和人们追求的理想境界,还包含人们的审美喜好和作品的独特风格。这些形态通过感官可以直接感受到,比如看到的画作、听到的音乐,都是审美形态的具体展示。

审美形态不是一成不变的,它随着时间、地方和人的不同而变化。它们之间有相通的地方,能让不同文化和艺术之间有所联系,同时能各自保持特色,融合各种元素,展现出丰富的多样性。

我们可以把审美形态分成几个大类,比如自然界的美、人造的艺术美,还有日常生活中的美。更细致地分,有风格,即创作者特有的表现方法;品味,就是个人或群体对美的评价标准;还有体裁,像是小说、诗歌、音乐等不同的艺术种类。

研究审美形态能帮助我们更好地理解和欣赏艺术,了解它们背后的文化意义,对创造新艺术作品和提高我们的审美水平也很有帮助。总的来说，审美形态让我们看到了世界的美好，也促进了文化的交流和发展。

「延伸：审美形态深深植根于特定的文化土壤之中，受到该文化背景下的哲学、宗教、道德观念等多方面的影响。例如，儒家文化中的"中和之美"强调的是平衡和谐，这影响了中国古典艺术的审美取向；而西方基督教文化中的"崇高"概念，则促进了对无限与超然的追求，体现在哥特式建筑和浪漫主义文学中。」

美与数（Aesthetics and Mathematics）

"美与数"来自很久以前的古希腊，有一个叫毕达哥拉斯的聪明人和他的朋友们相信美不只是看起来好看，它还能用数学来描述。他们觉得宇宙间的美和秩序都和数学有关，就像音乐好听是因为音符间的比例刚刚好，图形好看是因为它们的线条和角度遵循数学规则。

他们特别喜欢的一个东西叫"黄金分割"，大概就是 1.618 这样的一个数字，大自然和很多艺术品里都能找到它，用了这个比例的东西看起来就特别和谐美丽，比如古希腊的一些著名建筑。

这个想法后来影响了很多艺术家和建筑师，他们在创作时也追求数学上的完美比例。就连数学本身也被看作是一种美,因为它里面有对称、简洁和规律,这些都是美的表现。

总的来说,"美与数"告诉我们,数学不只是一堆冷冰冰的数字和公式,它还是发现和创造美的钥匙。从古时候到现在,这个观点一直启发人们在科学和艺术中寻找两者的美妙连接。

「延伸:黄金分割不仅是数学上的一个比例,它在自然界、艺术、设计中都有着广泛的应用。从自然界中的植物分支、动物身体比例,到人类的脸部结构、艺术作品的构图,乃至现代设计中的海报、广告布局,都能找到黄金分割的影子。它被认为是构成视觉美感的关键因素之一。」

审美自觉性(Aesthetic Consciousness)

审美自觉性是人们在欣赏美时,能主动、有意识地去寻找、感受和思考美的能力。这意味着,我们不是仅仅被动地接受美,而是积极地去发现生活中的美,用心去理解和评价它。

在这样的过程中,我们会用自己的美学知识、个人经历和感情,去仔细分析遇到的美的事物,让每次的审美体验都带上个人色彩。我们还会放飞想象,让心情和想象力跟审美对象交融，这样，美的感受就更深、更丰富了。

而且，有了审美自觉，我们还能在欣赏美的同时，激发出自己的创造力，给原有的美添加新的想法和意义，让美变得更独特、更有层次。

这种能力不是天生的，而是通过不断学习、体验和思考，慢慢培养出来的。随着我们越来越懂得如何去自觉地审美，就能在每一次的审美体验中，找到更多乐趣，也让生活变得更加多彩和有意义。

「延伸：进入数字时代，新的媒介和技术如互联网、VR等，为审美体验提供了前所未有的平台和形式。这要求审美主体在享受新技术带来的新奇审美体验的同时，也要自觉地思考技术对审美感知、艺术创作及文化传承的影响，以及如何在数字环境中保持和培养审美的深度和广度。」

审美非自觉性（Aesthetic Unconsciousness）

审美非自觉性探讨的是艺术和审美中自然而然发生的心理活动，不同于深思熟虑的计划或理论指导。这一理念聚焦于创作时的直觉、情感以及无意识思维的重要性。比如，艺术家可能仅凭感觉选择颜色与线条，这种行为背后并没有复杂的逻辑分析,更多是依靠内心的指引。

在这一过程中,情感和无意识扮演着驱动角色。艺术家的情绪会潜移默化地影响作品风格,而深层次的记忆、愿望等无意识内容,可能会以隐晦的方式体现在作品里。此外,形象化的思考方式,即利用画面、符号来构思,比逻辑推导更为常见,使得作品充满感性的魅力。

审美非自觉性还与突如其来的灵感紧密相关,这种不可预测的创造性火花能激发新颖的想法。同时,它也是艺术家个性展示的窗口,帮助其独树一帜的风格自然流露。值得注意的是,尽管审美非自觉性强调非理性的美,但它与理性知识并不冲突,而是相互融合,共同支撑起艺术创作的广阔天地。简而言之,审美非自觉性是艺术领域内一种既神秘又强大的创造动力。

「延伸:在艺术创作中,审美非自觉性表现为艺术家的灵感闪现、即兴创作和无意识的选择。艺术家往往在放松的状态下,凭借直觉完成作品的某些部分,这些部分往往是最能触动观者心灵的。如杰克逊·波洛克的滴画技巧,就是在非自觉状态下进行的抽象表达。」

美学规范观念（Conception of Aesthetic Norms）

美学规范观念是人们心中一套无形的标准，用来评判事物是否美丽。这个概念来自哲学家康德的思想，他认为当我们觉得某个东西美时，心里其实有个大致的模板，让我们觉得这美是大家都能感受到的。这个模板不靠具体的规则，而是一种共通的美感。

在康德的理论里，我们的想象力构建了这些美学标准。它不是复制现实，而是创造一种理想化的图像，既普遍又含蓄，帮助我们捕捉和理解美的特质，这种特质很难用言语精确描绘。这个图像更像是心灵的一种构想，引导我们认识美。

美学规范观念虽存在，却不强加规则，它不是绝对的对错标准，而是提供一种可能性，让我们在欣赏美的时候，既能保留个人的独特感受，又能期待别人某种程度上的共鸣。它像是一个指导原则，让每个人的审美体验既自由又能找到共鸣，既主观又不失普遍性。

「延伸：进入 20 世纪后，随着文化相对主义和后现代思潮的兴起，美学规范观念受到了挑战。一些理论家如本雅明、福柯等人，强调了审美体验的社会建构性和历史性，指出不存在永恒不变的美学标准，而审美观念是由文化、权力关系及历史条件共同塑造的。因此，现代美学更倾向于探讨多元化的审美经验和特定文化的美学标准。」

审美游戏（Aesthetic Play）

审美游戏这个想法来自席勒的《美育书简》。它讲的是当人们不再只忙于生存，就开始寻找更深层的乐趣，也就是审美。这里的"游戏"不是普通意义上的玩耍，而是一种让人心灵放松，自由发挥的活动。它让人跳出日常生活的条条框框，享受到一种特别的自由。

在这个过程中，我们的逻辑思维（理智）和想象可以愉快地合作，创造出美妙的东西，而且不会受到太多限制。这就像给心灵松绑，让人展现出独特的创造力。

审美游戏还是个成长的过程，帮助我们在感性和理性之间找到平衡，让内心世界更加和谐。通过参与艺术和审美活动，不仅个人能得到心灵上的提升，整个社会的文化和文明也能因此向前发展。

席勒认为，审美游戏在教育中也很重要，因为它能让我们在享受美的同时，培养我们的道德情操，提升我们的精神层次。它跨越了哲学、艺术、文学等多个领域，展示了人类在追求美的过程中，如何释放潜能，以及艺术在人类文化和文明建设中的核心地位。

「延伸：席勒区分了两种游戏冲动：体力过剩导致的体力游戏和精神过剩导致的精神游戏。审美游戏属于后者，它体现了人类特有的精神自由，即在不受现实需求和强制规律约束的条件下，想象力能够自由创造，这种创造是审美活动的核心。」

美感阶级性（Aesthetic Class Nature）

美感阶级性探究了个人的审美感知与社会经济地位的紧密联系。这一理论根植于认识到不同社会阶层因生活背景、教育和资源的不同，对美的理解和鉴赏存在明显差异。高阶层群体常因接触广泛的艺术教育和高端文化活动，而倾向于欣赏高雅艺术，这成为他们社会地位的象征。相比之下，较低阶层人群的审美偏好可能更贴近日常生活和本土文化，其中反映出真实的劳动生活与社区的特色。

教育和文化资本的分布不均，进一步加深了这种审美差异。布尔迪厄的文化资本理论指出，文化知识和艺术品位是社会地位的一部分，影响个体的审美选择。教育机会的不平等直接关联到对艺术的理解能力，高文化资本持有者更易理解和欣赏复杂的艺术作品，而缺乏此类资源的群体则可能感到疏远。

此外，消费习惯与审美表达之间也存在着阶级相关的动态。较高收入群体可能通过艺术品收藏或高端设计消费来彰显审美品位，而较低收入群体则可能通过民间艺术、手工艺品等形式展现美感，甚至通过特定的审美偏好来抵抗主流审美，强化自身的阶级归属感和文化认同。美感阶级性不仅揭示了审美背后的社会结构，还体现了通过审美选择进行的社会身份构建和文化抗争。

「延伸：美感阶级性讨论可追溯至马克思的社会阶级理论，特别是在文化研究领域，如法兰克福学派成员赫伯特·马尔库塞和特奥多尔·阿多诺的工作，他们分析了文化产业如何生产符合统治阶级利益的"伪需求"。而英国文化研究学者雷蒙德·威廉斯和斯图亚特·霍尔进一步探讨了文化消费与社会阶级之间的关系，以及这种关系如何影响审美判断和文化认同。」

独创性（Originality）

在设计和艺术领域，独创性是一个核心概念，它涉及创意表达的新颖性、独特性以及艺术家或设计师个人视角的展现。独创性不仅仅是关乎新奇和不同，更是关于深度、真诚及个人与社会、文化之间的深刻互动。它是衡量一个作品是否具有持久影响力和价值的重要标准之一。

独创性首先体现在创作中引入新的想法、技术或表现形式。这意味着超越现有的风格、趋势或传统，创造出前所未见的作品；每位艺术家或设计师都有其独特的世界观、情感和经验，独创性体现在他们如何将这些个人特质转化为视觉语言；在设计和艺术实践中，独创性往往伴随着对新材料、新技术的探索和实验；独创性并不总是意味着完全的原创，而往往是对既有元素的重新组合、重新解读；独创性还体现在对现有规则、规范的挑战和突破上；虽然独创性强调的是个体的独特性，但它也需要与观众建立联系，激发共鸣。

「延伸：艺术和设计历史上不乏对前人作品的模仿和致敬，如何界定这些行为与独创性的界限是个复杂议题。通常，如果作品在模仿基础上进行了显著的转化或添加了新的创作元素，体现了作者的独立思考和创新，就可以被视为具有独创性。独创性在不同艺术门类和设计领域中的表现形式各异。例如，在视觉艺术中，独创性可能体现在色彩运用、构图或主题的创新上；在产品设计中，则可能通过功能创新、材料选择或用户体验的革新来体现；而在数字艺术和新媒体艺术中，技术创新和交互设计的新颖性成为独创性的关键指标。」

整体性（Unity）

在设计和艺术领域中，整体性是一个核心原则，指的是作品中所有组成部分协同工作，共同创造出一个和谐统一、连贯且具有内在联系的整体效果。整体性确保了设计或艺术作品的每个元素（无论是颜色、形状、材质、空间布局还是主题概念）都能够相互支持，共同传达一个清晰的信息或营造一种特定的氛围。

整体性要求作品的所有部分在视觉上达到平衡，无论是通过颜色的搭配、形状的相似性或是风格上的一致性，确保没有单个元素显得突兀或与整体不协调；在艺术创作中，整体性还意味着围绕一个中心思想或主题展开，所有设计决策都应服务于加强这一主题，使观者能够直观地把握作品的核心信息；为了实现整体性，设计师和艺术家常常需要做出取舍，去除那些分散注意力或与主题不紧密相关的元素，确保作品的每一个细节都有其存在的必要性；整体性还体现在引导观众视线的流动上，通过精心安排的视觉元素顺序和空间关系，使观赏体验顺畅自然，引导观者的注意力按照创作者意图移动；即使追求整体性，作品也不必牺牲丰富性和深度；整体性有助于构建一种情感上的连贯性，让观众能够在感性层面上与作品产生共鸣；整体性是评判设计和艺术作品是否成功的重要标尺,它超越了单一元素的美观,强调的是所有元素整合后所形成的强大的整体效果。

「延伸:整体性设计的实现往往依赖于有效的评价与反馈机制。这包括在设计过程中定期评估设计的一致性、协调性和完整性,以及在作品完成后收集用户反馈,不断迭代优化,确保设计目标的达成。」

典型化(Typification)

在设计与艺术领域中,典型化是指创作过程中将来源于现实生活的元素提炼、概括并转化为具有代表性和普遍意义的艺术形式或设计特征的过程。这一概念强调的是通过艺术加工,将具体的、个别的实例转化为能够体现一类事物本质特征的典型形象或模式。

典型化要求艺术家或设计师从丰富的现实素材中选取并提炼出最具代表性、最能触动人心的元素,以此为基础创造出能够跨越个体差异、触及普遍情感的艺术作品或设计产品;典型化并不意味着抹杀个性,而是要在保持个性鲜明的基础上,寻找和强化那些能够引起广泛共鸣的普遍特征;通过对现实的典型化处理,艺术家或设计师赋予作品更深层次的意义,使之超越表面的相似,触及更普遍的社会、文化或心理议题,从而使作品具有更强的感染力和持久的艺术价值；典型化不仅限于人物形象的塑造，同样适用于环境、情节、场景、细节等多个设计与艺术创作的方面。

「延伸：不同文化和时代对于典型化的理解和实践各有特色。比如，中国古典文学中的"类型人物"（如忠臣、奸臣、才子佳人）就是典型化的产物，而西方文学中的"圆形人物"与"扁平人物"理论则从另一个角度探讨了人物塑造的深度与典型性。」

概括化（Generalization）

概括化指从具体实例中提取共通特征，形成一种更广泛适用的模式或原则的过程。概括化在设计和艺术领域是一种提升作品深度、广度与影响力的策略，它要求创作者具备高度的观察力、分析能力和创造力，以从繁复的表象中提炼出普遍适用的美学和设计原则。

概括化是艺术家和设计师通过观察众多实例，识别并提取出它们共有的核心特质，忽略非本质的细节，从而创造出让观众能够迅速识别并产生共鸣的视觉或概念模式；概括化促使创作者在众多素材中发现模式，这些模式可以是形状、色彩组合、构图原则或者是设计理念；通过概括化得到的设计方案或艺术作品，因其捕捉到了一类对象或概念的本质,往往能够跨越具体情境限制,拥有更广泛的适用性和影响力,与更多受众建立联系;在心理学视角下,概括化是人类认知能力的一部分,它帮助我们从经验中学习,构建知识结构。

「延伸:在设计实践中,概括化体现在从具体设计案例中提取普遍适用的原则和模式,如色彩理论、空间布局、形式与功能的关系等。这些原则可以跨越不同的设计领域,成为设计师解决问题的通用工具箱。」

抽象化(Abstraction)

在设计与艺术的广阔天地里,抽象化是一个核心概念,它涉及从现实世界的具象事物中提炼、提取并重新诠释其本质特性或内在规律的过程。抽象化在设计和艺术领域不仅是形式上的简化或变形,更是一种深刻的思维和感知方式的转变,它挑战既定规则,鼓励创新,同时为观众提供独特的审美体验和思考空间。

抽象化鼓励艺术家和设计师超越表面的物理形态,深入挖掘对象或概念的核心本质,通过去除具体细节,仅保留关键特征或情感表达,作品得以展现普遍性与深刻性;在艺术创作中,抽象化释放了对现实模仿的束缚,允许形式、颜色、线条和纹理自由组合,创造出无明确现实参照的视觉体验；设计过程中采用抽象化，可以帮助设计师打破常规，通过非具象的元素或模式来传达信息、情绪或功能；抽象艺术和设计经常借鉴数学、哲学、音乐等领域中的抽象概念，如几何图形、比例关系、节奏感等，促进了不同知识体系之间的对话与结合，丰富了创作的维度；抽象作品往往聚焦于传达感觉、情绪或内在精神状态，而非直接描述外部世界；在当代艺术和设计实践中，抽象化经常伴随着对新材料和技术的探索，如数字艺术、光影装置等，这些新媒介为抽象表达提供了无限可能，扩展了艺术的边界。

「延伸：在多元文化背景下，抽象艺术和设计成为不同文化身份与历史记忆表达的重要途径。艺术家通过抽象语言探索本土文化符号、传统图案的现代转化，创造出既具有普遍美感又能体现特定文化内涵的作品。」

具象化（Concretization）

具象化是指将概念、想法或情感转化为具体、可感知的形象或形式的过程。这个术语强调了将抽象思维产物转变为直观实体的能力。具象化是连接内在想象与外界感知的桥梁，它在设计与艺术实践中扮演着至关重要的角色，不仅丰富了创意的表达方式，也加深了观众对作品的情感共鸣与理解深度。

具象化是文学与艺术创作的基石，它涉及将艺术家或作家头脑中抽象的思想和情感转化为具体、生动的形象；作为一种思维技巧，具象化帮助创作者将复杂或模糊的概念具体化，使之成为可交流的视觉或文字表现；在平面设计、室内设计或产品设计中，具象化意味着通过图形、模型或实际样品来展现设计理念，确保设计意图清晰传达（比如，展厅设计利用具象的效果图来直观表现最终的艺术效果和空间布局，促进与客户的有效沟通）；具象化不局限于视觉艺术，它同样适用于音乐、舞蹈等其他艺术形式，用以表达难以言表的情感和深邃的思想。

「延伸：教育学研究表明，具象化学习工具如思维导图、实物模型、模拟实验等，能够显著提高学习效率，尤其是在处理抽象概念和理论时。通过视觉和动手操作，学习者能更有效地吸收和记忆信息，达到深度理解和长期记忆。」

陌生化（Defamiliarization）

陌生化这一概念源自俄国形式主义，特别是文学理论家维克托·什克洛夫斯基的工作。该理论的核心在于通过艺术手法使观众对熟悉事物产生新鲜感,打破常规的认知习惯,延长感知过程,从而深化体验和理解。陌生化不仅是艺术表现的一种策略,也是一种思维方式,它要求创作者不断探索和实验,挑战观众的既有认知,以此达到更深层次的艺术效果和审美体验。

陌生化鼓励设计师和艺术家从不同寻常的角度展示常见对象,促使观众以新的眼光审视,发现平时忽略的细节或美感;在创作过程中采用非常规的技术或材料,比如在设计中避免传统表现方式,使用非典型线条、色彩或构图,使作品呈现新颖面貌;通过作品让观众的感知过程变得复杂,比如利用错视艺术、超现实组合或文字游戏,使观者不得不放慢速度,主动参与解码,从而增强感知体验;使原本熟悉的情感或意义变得陌生,通过艺术转化,让观众对主题有新的情感反应或思考,如在《百年孤独》中,马尔克斯通过魔幻现实主义手法让日常生活场景变得奇异而富有深意;在文学与文字设计中,通过打破常规的语言使用规则,如创造新词、改变句式结构,让文字本身变得陌生,促使读者重新审视文字背后的意义;在教学设计中,陌生化策略可以激发学生的兴趣和创造力,但需谨慎平衡新奇性与教学目标的一致性,确保创新活动服务于学习目的。

「延伸：在戏剧理论中，德国剧作家贝托尔特·布莱希特发展了一种称为"间离效果"的表演手法，这与陌生化理念紧密相关。这种技巧旨在让观众保持理性观察，而不是沉浸在剧情中，通过舞台设计、演员直接对观众讲话、歌曲插入等手段，使熟悉的场景变得陌生，促使观众反思剧中事件的社会和政治含义。」

抽象美（Abstract Beauty）

抽象美是指一种超越具体物象，依托基本视觉元素如线条、形状、色彩以及它们之间的构成关系所展现的美学特质。这一概念与具象美相对，强调通过非写实的方式表达情感、思想或纯粹的形式美感。抽象美不仅是一种视觉艺术的语言，也是连接创作者与观赏者之间深层次沟通的桥梁，它邀请观众参与到一个充满可能性的审美探索旅程中。

抽象美聚焦于形式的基本构建单元，如点、线、面、体及其排列组合，这些元素独立于对自然对象的模仿，通过艺术家的创造性重组，形成具有内在和谐与节奏感的视觉联结；抽象艺术作品通常反映艺术家的内在情绪或对周围世界的主观感受，而非直接描绘现实；通过色彩的对比、形状的动态或静态平衡，抽象美能够激发观者的情感共鸣，无须具体形象作为中介；在设计中应用抽象美，意味着挑战观者的常规认知，促使他们超越表面的视觉识别，进行更深层次的思考和感知体验；抽象艺术和设计反映了特定历史时期的文化精神和社会心理；随着现代科技发展和全球化影响，抽象美成为表达复杂观念、多元文化融合以及未来想象的重要语言；在标志设计等应用艺术中，抽象美通过简洁有力的图形语言传递品牌理念或信息，利用比喻性表意和象征性，使观者在抽象形式中寻找并解读意义；抽象作品开放给观众极大的主观解释空间，每个人基于自己的经验、情感和文化背景，可能解读出不同的故事和意义，这种多义性是抽象美的一大魅力所在。

「延伸：哲学家如康德提出的"无目的的合目的性"为理解抽象美提供了理论基础，他认为美在于形式本身，不依赖于任何实用目的。此外，赫伯特·里德等批评家的著作探讨了抽象艺术的社会和文化意义，认为它是现代工业社会对传统美学的反叛。」

形式美（Form Beauty）

形式美是指作品外在构成元素所展现出的美感，这些元素包括但不限于形状、线条、色彩、质感以及它们之间的组合关系。

形式美的构建基于一系列基本视觉要素,如平衡、对称、对比、节奏、比例和和谐;形式美遵循特定的法则,如均衡与对称带来稳定感,对比增强视觉效果,变化与重复创造节奏与动感,而多样统一原则确保了整体的和谐;尽管形式美可以相对独立于作品的具体内容而被欣赏,但它与内容美紧密相连,共同构成完整的作品美;形式美拥有自身的审美价值,它能够直接影响观者的感官体验和情感反应,使作品更易被感知和记忆;良好的形式美设计能够有效地传达设计理念和信息,增强作品的可读性和感染力,促进观众与作品间的沟通。

「延伸:格式塔心理学对形式美的理解贡献显著,它强调人的大脑倾向于组织视觉信息为完整、有序的结构。这一理论解释了为何某些形式组合比其他组合更能吸引人,如闭合性原理(人们倾向于在不完整的形状中看到完整形态)、相似性原则(相似元素被视为一组)等。」

原真性(Authenticity)

在设计与艺术领域中,原真性是一个核心概念,它涉及作品、材料、技艺及创作理念的真实性和原创性。原真性在设计与艺术领域不仅是一种对过去的真实追溯,也是对当下创造性的表达和对未来负责任的承诺。

原真性关乎作品与其历史背景、文化传统之间的联系（在艺术修复、历史建筑保护等项目中，维护原真性意味着保留作品的年代痕迹、使用传统材料与技术，确保其历史信息和文化价值得以延续）；在当代艺术与设计中，原真性体现为艺术家或设计师的原创性思维和创作过程的真实性；选用传统或具有地域特色的材料，采用手工制作或历史悠久的工艺技术，都能增强作品的原真感；原真性还关乎观众或用户的体验，一件设计或艺术作品能够触发真实的情感反应，唤起人们对特定情境、记忆或文化的共鸣，这同样是原真性的一种体现；在多元文化背景下，原真性有助于确立和强化文化身份，通过艺术和设计表达本土特色、传统智慧，可以促进文化多样性和民族自豪感，同时也为全球文化交流提供真实的文化视角；原真性概念并非固定不变，它受到后现代理论的挑战，特别是对于复制、模拟和再诠释的讨论。

「延伸：原真性的讨论触及哲学层面，如马丁·海德格尔对"本真性"的探讨，虽与艺术领域中的原真性有所区别，但都指向存在与真理的本质。此外，本雅明在《机械复制时代的艺术作品》中，提出复制品丧失了"灵韵"，即原真性的独特性和即时性，这为理解现代艺术和设计中的原真性问题提供了重要视角。」

第四堵墙（Fourth Wall）

第四堵墙是一个重要的戏剧术语，通常指的是在舞台表演中，由观众和舞台之间所形成的一种假想界限。这种界限并非实际存在，而是观众在心理上形成的一种空间感。在戏剧表演中，演员通常会忽视观众的存在，专注于与剧情和角色的互动，仿佛舞台上真的存在一堵将他们与观众隔离开来的看不见的墙。

在舞台设计中，设计师会利用第四堵墙的概念来创造逼真的表演环境，如通过布景、灯光和道具等元素的运用，营造出一种沉浸式的观演体验，使观众仿佛置身于戏剧的世界之中；对于演员而言，理解和运用第四堵墙的概念是表演成功的关键，演员需要忽视观众的存在，专注于与角色的互动和情感的表达，从而更好地引导观众进入剧情，体验角色的情感世界。

「延伸：第四堵墙的概念起源于文艺复兴时期，当时人们认为在舞台上表现室内环境时，如果缺少第四堵墙就会显得不真实。18世纪启蒙运动代表人物狄德罗在《论戏剧艺术》中提出了类似的概念，即假想在舞台的边缘有一道墙把演员和观众隔离开来。」

灵韵（Aura）

灵韵指的是艺术作品中所散发出的独特气质和情感氛围，它能够引起观众的共鸣，使作品更具吸引力和感染力。这种气质和情感往往超越了表面的形式，触及人们内心深处。本雅明在《机械复制时代的艺术作品》等著作中提出了"灵韵"的概念，主要是用来探讨随着现代工业技术的发展，艺术品进入机械复制时代后所产生的变化和影响。

艺术作品中的灵韵常常带有一种神秘感，使观众在欣赏过程中产生好奇和遐想，这种神秘性不仅体现在作品的主题上，也通过色彩、构图等视觉元素得以展现；灵韵是艺术作品与观众情感共鸣的桥梁，当观众在作品中感受到与自己相似的情感或经历时，便会产生强烈的共鸣，从而更加深入地体验和理解作品；每一件艺术作品都蕴含着独特的灵韵，这是艺术家在创作过程中融入个人情感和思考的结果，这种独特性使得作品具有不可复制的魅力。

「延伸：灵韵与"震惊"概念相对立。在复制技术下的艺术作品中，传统艺术所强调的灵韵被一种"震惊"效果所取代。这种"震惊"效果是本雅明从弗洛伊德心理学的角度切入生成的一个概念，它强调艺术作品对观众产生的即时、强烈的冲击。」

反艺术（Anti-Art）

在设计和艺术领域，反艺术是一个复杂且多面的概念，它通常指涉一种挑战传统艺术观念、形式和价值的实践。这一术语最早可以追溯到20世纪初，尤其是达达主义和超现实主义等运动中对传统艺术的反思和批判。在设计和艺术实践中，理解反艺术意味着要认识到艺术不仅是一种美学表达，也是一种社会和文化评论的工具。通过挑战常规，反艺术拓宽了艺术的边界，使其成为一个不断发展和反思的过程。

反艺术实践者常常摒弃传统的艺术形式和技巧，转而采用非传统或创新的方法来表达自己的观点；艺术品倾向于模糊艺术与日常生活的界限，强调艺术应该融入并反映现实生活，而不是与之分离；反艺术常常包含对社会和政治现象的批评，艺术家可能会利用艺术作为工具来提出问题、发起辩论或推动社会变革；反艺术强调艺术家的个人表达和自主性，反对将艺术标准化或商业化；反艺术有时要求观众的积极参与，而不是被动接受，艺术家可能会创造互动式的作品，让观众成为艺术创作过程的一部分；反艺术实践者可能会对现有的艺术作品进行解构和重构，创造出新的作品，以此来质疑艺术的固定边界和价值体系。

「延伸：作为 20 世纪初期的一个重要艺术运动，达达主义是反艺术的先驱之一。达达艺术家通过创作荒谬和颠覆性的艺术作品来挑战传统价值观和艺术形式。紧随达达主义之后，超现实主义同样拒绝传统的艺术逻辑。它强调梦境、无意识和自由联想，旨在探索人类心灵深处的真实。在哲学和艺术理论中，后结构主义和后现代主义提供了对反艺术概念的深刻见解。它们质疑了艺术的固定边界和对普遍真理的追求，强调了相对主义和多元性。」

意识流（Stream of Consciousness）

意识流是一种文学手法，它试图捕捉并表达人类思维的不间断流动，包括感觉、印象、思绪、回忆和半意识的想法，通常不遵循传统的时间顺序叙述结构。这种技巧打破了线性叙事的界限，让读者直接进入人物的内心世界。意识流文学的起源可以追溯到 19 世纪末至 20 世纪初的心理学理论，尤其是威廉·詹姆斯提出的"意识流"概念，他在其著作《心理学原理》中描述了意识作为连续流动的思想和感觉的过程。

意识流文学旨在探索个体意识深处的复杂性和多维度，展现人物内在的真实感受与心理变化，而非仅仅叙述外部事件。意识流作品通过打破时间的连续性，自由穿梭于过去、现在和未来；大量使用内心独白来揭示人物思想，有时甚至没有明确的句法结构；通过人物的思绪跳跃，展现思维的随意性和关联性；强调感官体验在塑造意识中的作用，如声音、颜色、味道等。

「延伸：意识流技巧也被用于电影和戏剧中，例如在阿伦·雷乃的电影《去年在马里昂巴德》中，通过非线性的叙事和重复的图像来模拟记忆的流动。」

自动写作（Automatic Writing）

自动写作是一种创作方法，它强调在不自觉、无意识的条件下进行书写，目的是让作者的心灵深处自发地流露出来。自动写作的起源可以追溯到 20 世纪初，特别是在第一次世界大战后，当时的社会环境和对传统价值观的怀疑为这种非常规的创作方法提供了土壤。安德烈·布勒东在《超现实主义宣言》中正式提出了"超现实主义"，并强调了自动写作在探索潜意识中的重要性。

自动写作要求作者在无意识或冥想状态下进行书写，以排除理性思维的干扰；写作内容应该是自发产生的，不受作者意愿的控制；自动写作旨在揭示人的潜意识内容，包括隐藏的欲望、恐惧和记忆。安德烈·布勒东是超现实主义运动的领导者之一,也是一位实践自动写作的诗人。法国诗人路易·阿拉贡的诗集《欢乐之火》和保罗·艾吕雅的《痛苦之都》都体现了自动写作的特点。

「延伸:自动写作不仅限于文字,还包括绘画和其他视觉艺术形式,如安德烈·马松的自动绘画。超现实主义艺术家萨尔瓦多·达利声称他的画作《记忆的永恒》是在半梦半醒的状态下创作的,这种状态与自动写作的精神相似。」

元小说(Metafiction)

元小说是一种文学形式,它故意打破传统的叙述框架,让读者意识到自己正在阅读的是一个虚构作品,从而对小说本身的存在、创作过程、叙述技巧以及读者与作者的关系进行反思。元小说不仅讲述故事,还自我评论,探索小说的界限和可能性。元小说的根源可以追溯到古典文学中的自省文本,如塞万提斯的《堂吉诃德》,书中对骑士小说的讽刺和对小说创作本身的探讨,为后来的元小说奠定了基础。随着后现代主义文学的兴起,元小说作为一种风格得到了显著发展。美国作家约翰·巴思 1967 年发表的论文《枯竭的文学》及短篇小说集《迷失在游乐宫》中对元小说概念的阐述,标志着元小说正式进入文学批评视野。卡尔维诺的《如果在冬夜，一个旅人》等作品，通过直接与读者对话、故事中套故事等手法，展现了元小说的魅力。

元小说的核心在于揭示小说的虚构本质，探讨创作过程、叙事技巧、语言的局限性以及读者的角色，进而挑战现实与虚构的界限。主要特点在于元小说中的人物可能意识到自己是虚构的，或者作者直接介入叙述，提醒读者注意小说的构造；小说中引用或提及其他文学作品，或模仿、戏仿文学传统，形成文本间的对话。

「延伸：元小说中常常嵌套有"小说中的小说"，即故事中的角色创作或阅读的小说，这种结构增加了文本的层次性和复杂性。」

超文本（Hypertext）

超文本是一种非线性的信息组织和展示方式，允许用户通过链接在不同的文本块之间跳转，这些文本块可以是文字、图像、音频或视频等多媒体元素。1945年，范内瓦·布什在其论文《诚如所思》中首次提出了"Memex"概念，即一个能够存储和检索个人记录、书籍和通信的设想，为超文本的诞生奠定了理论基础。20世纪60年代，泰德·尼尔森正式创造了"超文本"一词,并提出"上都计划"(历史上第一个超文本项目),旨在创建一个全球性的、非线性的文档网络,尽管该项目未完全实现,但他的思想对后来的互联网发展影响深远。1989年,蒂姆·伯纳斯·李发明了万维网,引入了HTTP、HTML和URL等标准,使得超文本系统在全球范围内普及,1991年欧洲核子研究中心向公众开放万维网标志着超文本技术的实际应用达到高潮。

超文本的核心在于促进信息的自由流动、关联与重组,提高知识的可访问性和创造性;用户可以通过点击链接自由穿梭于信息之间,形成个性化的阅读路径;不同文本块之间的相互链接,增强了信息的互联性和深度;不仅仅是文字,还能够整合图像、音频、视频等多种媒介形式;内容可以实时更新,用户也能参与到内容的创建和修改中。

「延伸:斯图尔特·莫斯罗普的《胜利花园》被认为是电子文学中的里程碑作品,展示了超文本叙事的潜力,读者可以通过选择不同的路径探索故事。」

蒙太奇(Montage)

蒙太奇是一种艺术表现手法,最初源于视觉艺术,特别是在电影领域内发展成熟,后来也被应用于文学、摄影和其他艺术形式中。蒙太奇通过将不同的图像、声音、文本片段或其他元素并置、剪辑或组合,创造出超越各部分简单相加的新的意义或情感反应。苏联导演谢尔盖·爱森斯坦和列夫·库里肖夫是蒙太奇理论的重要奠基人。爱森斯坦在影片《战舰波将金号》中的"敖德萨阶梯"段落,展示了蒙太奇在构建紧张氛围和增强叙事力量方面的效果。同时期,美国导演如 D. W. 格里菲斯也在电影中运用了类似的剪辑技术,如《一个国家的诞生》和《党同伐异》,推动了叙事蒙太奇的发展。

蒙太奇的核心在于通过并置和对比,激发观众的联想和情感反应,从而传达更深层次的意义或主题。蒙太奇利用镜头间的对比,强化主题或情感冲突;通过剪辑控制时间感知,或在有限空间内展现广阔的叙事背景;将不同元素组合,创造象征意义或隐喻,加深作品的内涵;剪辑的节奏直接影响叙事的张力和观众的情绪体验。

「延伸:蒙太奇有很多分支,如叙事蒙太奇用于推进故事发展的剪辑技术;表现蒙太奇强调情感表达或审美效果;平行蒙太奇则同时展现不同地点或事件的进度,强调它们之间的关联或对比。」

怪核（Weirdcore）

怪核这一文化与艺术运动，于 21 世纪的头十年在网络上悄然兴起，迅速演变成一种跨越音乐、视觉艺术及网络文化的全球现象。其核心在于通过复古的视角，对 20 世纪 80 和 90 年代的流行文化、音乐、商业广告进行再加工与审美解构，营造出一种既怀旧又带有未来主义色彩的超现实氛围。2011 年，拉莫娜·泽维尔的专辑 *Floral Shoppe* 的发布，尤其是其中的曲目《リサフランク 420 / 現代のコンピュー》，成为怪核运动的一个转折点，标志着这一风格正式进入公众视野。

怪核艺术通常探讨对过去文化的怀念、对现代社会的疏离感，以及对消费社会和数字媒体的批判。它通过复古美学与现代技术的碰撞，构建一个对过去理想化的幻想世界。怪核艺术常用慢放、循环、低保真处理，以及对 20 世纪 80—90 年代的音乐进行采样与重制；采用复古计算机图形、日文字符、经典雕塑形象，搭配粉彩与低保真滤镜，形成独特视觉风格；怪核对资本主义、品牌崇拜和消费主义的讽刺与批判，常通过模仿和夸张的手法表达。

「延伸：阈限空间指处于边界或过渡状态的空间，怪核作品常以此营造出一种游离于现实与非现实之间的感觉。在游戏领域里比较代表性的有《后室》《池核》等作品。」

梦核（Dreamcore）

梦核是一种新兴的文化现象与艺术风格，它主要通过图像、视频和音乐等形式，探索梦境与现实边缘的超现实主义领域。这种风格尝试捕捉梦境中的氛围与感受，营造出一种既熟悉又奇异、略带不安的视觉体验。梦核的概念源自互联网文化，特别是社交媒体和视频分享平台上的创意社群。它的兴起可追溯到 20 世纪末至 21 世纪初的互联网艺术运动，尤其是随着数字艺术和怪核风格的流行，梦核在这一背景下逐渐分化出来，形成独特的美学体系，大约在 2020 年开始获得广泛关注。

梦核的核心主旨在于模拟和表达梦境的质感。梦核作品中常融入日常生活中熟悉的元素，但通过扭曲、拼接或添加超现实元素，创造出既似曾相识又难以言喻的景象；利用色彩、构图和主题来营造一种超越现实的氛围，有时带有轻微的恐怖或神秘感，激发观众的深层情绪反应；结合复古图像、老照片或童年记忆中的元素，引发观众对过去的联想，同时与现代技术手段融合，创造出时空错位的效果；偏好使用柔和、淡雅或对比鲜明的色彩搭配，以及独特的光影处理，以强化梦境般的视觉效果。

「延伸：尽管梦核作品常常基于梦境或非现实，它们却能触动观者的情感，唤起个人记忆中的某些感受，如孤独、渴望或惊恐。随着社会对心理健康重视程度的提高，梦核艺术有时也被视为一种探讨内心深处恐惧、愿望和潜意识的方式。」

机械复制（Mechanical Reproduction）

我们在购买明信片、挂画、雕塑等艺术品时，是否会思考这些艺术品明明制作复杂，耗费艺术家工时较多，没有理由卖这么便宜。现在我们之所以能以低价买到艺术复制品装饰空间，就是得益于机械复制。

机械复制的历史可以追溯至19世纪中叶摄影术的发明，尤其是1839年达盖尔银版摄影法的问世，标志着人类第一次能够通过机械方式精确复制现实景象。这一概念在文化研究和艺术哲学中占有重要地位，特别是本雅明，他对机械复制的时代特性进行了深入探讨。

机械复制允许艺术作品成千上万份地复制，打破了传统艺术独一无二的"原作"概念；本雅明认为机械复制消除了传统艺术作品的独特灵韵，即艺术品的时空唯一性和神圣性；机械复制技术使得艺术作品能够迅速、广泛传播，提高了艺术的可达性，推动了文化消费的社会化进程；机械复制促使观众与艺术作品的关系发生转变，观众不再仅仅是被动崇拜，而是参与到艺术作品的解读和再生产之中。本雅明在其著作《机械复制时代的艺术作品》中详细阐述了机械复制对艺术的影响，认为机械复制使得艺术品从对仪式的寄生状态中解放出来，获得了展示价值的主导地位。

「延伸：在机械复制技术普及之前，艺术品原件的唯一性决定了其高昂的价格和稀缺性，而机械复制技术的出现引发了关于艺术价值和原创性的激烈争论。随着数字技术的兴起，网络和社交媒体使得艺术作品的复制和传播更为便捷，机械复制的概念进一步拓展到数字复制范畴。」

神经元艺术（Neuron Art）

神经元艺术是一种将神经科学原理与艺术实践相结合的跨学科领域，它通过视觉、声音、互动装置等多种艺术形式，探索大脑、感知、意识与创造力的本质。这一领域在近年来获得了显著的关注，特别是在艺术与科学交会的领域中。2010年以后，随着《神经元艺术史》

等书籍的出版，以及一系列国际艺术展的举办，神经元艺术开始作为一个明确的流派受到学术界与艺术界的关注。

神经元艺术旨在通过艺术手段传达复杂的神经科学概念，如神经可塑性、感知过程、情感体验等，促进公众对大脑工作的理解，并引发对人类意识、创造力及自我认知的哲学思考。神经元艺术结合神经科学的数据、图像和理论，与绘画、雕塑、数字艺术等艺术形式相融合；利用先进的成像技术（如功能性磁共振成像 FMRI、显微镜成像）捕捉神经活动，将其转换为艺术作品；许多神经元艺术作品鼓励观众参与，通过互动体验模拟神经信号传递、学习过程等，提供直观的认知体验。

「延伸：神经元艺术的概念也被应用于艺术治疗中，帮助患者通过创作来理解和调节自身的情绪与神经反应。同时，神经元艺术与神经美学紧密相关，后者研究大脑如何处理美学体验，试图从神经科学角度解释为什么某些事物被认为是美的。」

数据雕塑（Data Sculpture）

数据雕塑是一种将抽象数据转化为物理或数字三维形态的艺术形式，通过视觉化手段展现数据的复杂性和内在模式，使之成为可感知的艺术品。这种艺术类型在信息技术和大数据时代背景下应运而生，它不仅美化数据，更旨在传达信息、激发思考。2005年艺术家伯纳德·屈米与统计学家合作，将纽约市犯罪数据转化为一系列雕塑，标志着数据雕塑作为一种明确艺术形式的出现。

数据雕塑旨在揭示数据背后的故事、趋势和关联，通过艺术手法使不可见的数据变得直观可感，促进公众对复杂数据的理解与反思。数据雕塑通常结合艺术设计、计算机科学、统计学等多领域知识；许多数据雕塑作品具有动态变化或与观众互动的功能，反映了数据的实时性与流动性；同时形式也是多样的，既包括实体雕塑（如使用 3D 打印、激光切割等技术制作），也有虚拟现实中的数字雕塑。

「延伸：数据雕塑艺术家拉斐尔·洛萨诺·赫默尔的作品 Pulse Index 收集了参观者的脉搏数据，通过光点在大型屏幕上形成不断变化的三维雕塑，体现了人与数据的互动。」

等距设计（Isometric Design）

等距设计也被称为等轴测设计，是一种在二维平面上绘制具有三维视觉效果图像的技术。它通过使用等轴测投影，使物体的三个坐标轴在平面上保持固定的角度（通常是 120 度），从而产生既非正面也非侧面的视角，呈现出独特的立体感。IOS 7 发布（2013 年）标志着苹果公司向扁平化设计的转变，随后等距图标设计因其简洁性和深度感而在移动应用设计中大放异彩。

等距设计使观者能够直观理解空间关系，即便是在二维平面上；它通过简化三维对象的细节，达到清晰、易于理解的视觉效果；所有对象都遵循相同的缩放比例和角度规则，确保设计的一致性和协调性。代表人物有 2000 年前后成立的活跃于德国和加拿大的艺术家团体 eBoy。代表作品有游戏《纪念碑谷》，以其独特的等距视觉艺术和错视效果获得了广泛赞誉。

「延伸：除了图像，还有专门设计的等距字体，这些字体的每个字符都按照等轴测投影规则设计，使得文字在等距场景中更加和谐统一。」

主导动机（Leading Motive）

主导动机在艺术和设计领域指的是驱动艺术家或设计师创作的主要灵感、理念或情感。它通常反映了创作者的核心价值观、社会背景、个人经历或对特定主题的深刻见解。它是作品意义和风格形成的关键因素。在古希腊时代，神话故事和英雄事迹是艺术创作的主导动机，雕塑和建筑通过再现这些主题来传达理想化的美和永恒的价值观。人文主义的兴起促使艺术家们更加关注人性、个体情感和个人经验，达·芬奇的《蒙娜丽莎》展现了对人物内心世界的深刻探索。20世纪初，随着社会变革和技术进步，艺术家开始探索抽象表现、心理分析等新的主题，毕加索的立体派和弗洛伊德的心理学理论对艺术界产生了深远影响。

主导动机旨在通过艺术作品传达深刻的社会、文化和个人信息，激发观众的情感共鸣和思考。主导动机往往包含多层次的意义，反映了创作者对世界的综合理解和感受；艺术家常常通过新颖的形式或视角来呈现主导动机，推动艺术语言的发展；主导动机既反映了一定历史时期的普遍关切，也体现了艺术家独特的个人视角。

「延伸：英国画家弗朗西斯·培根的作品，主导动机是对人类存在的焦虑和肉体的脆弱性的探讨，代表作《尖叫的教皇》表达了对权力与人性的深刻反思。美国波普艺术家安迪·沃霍尔，他的主导动机是对消费文化和社会现象的讽刺与评论，如《金宝汤罐头》系列，揭示了大众文化的影响力。」

片段化构图（Fragmented Composition）

片段化构图是一种视觉艺术和设计中的构图手法，它打破了传统意义上的完整性和连贯性，通过展示画面元素的部分、碎片或不完整的视角，激发观者的想象力，引导他们参与构建整体意象或故事。片段化构图的概念可追溯到现代主义时期，特别是立体主义、超现实主义以及后来的抽象表现主义等艺术运动中。艺术家们如毕加索、乔治·布拉克通过立体主义实践中的解构与重组，以及萨尔瓦多·达利在超现实主义作品中对梦境片段的描绘，都为片段化构图的发展提供了先例。

在实际应用中，设计师或艺术家会根据创作意图选择适当的片段，并通过布局、色彩、光影等手段强化片段之间的联系或对比，引导观众的视觉流动和心理联想。片段化的画面不提供一个完整或连贯的视觉叙述，而是通过分散的细节暗示更广泛的上下文；观众需要自己连接这些片段，解读其中的含义，这种构图鼓励多义性和主观解读；画面突出的局部细节或强烈对比的片段能够吸引注意力，增加作品的视觉冲击力；通过隐喻或象征性的片段，可以深化作品的心理层面，引发深层思考。

「延伸：一些艺术家通过极端的片段化实验，创造出几乎无法直观理解的作品，引发艺术界内外的激烈讨论，如杰克逊·波洛克的滴画，虽然不直接属于片段化构图，但其随机分布的色块和线条也可视为一种形式上的碎片化尝试。」

魔法圈（Magic Circle）

魔法圈这一概念最初由荷兰历史学家及文化理论家约翰·赫伊津哈在其 1938 年出版的经典著作《游戏的人》中提出。这一概念被广泛应用于游戏研究、文化研究以及艺术理论中，成为理解和分析游戏空间与现实世界界限的关键理论工具。随着时间的推移，魔法圈的概念被游戏学者如埃斯本·阿瑟斯、简·麦戈尼格尔等人进一步发展，并将其应用范围扩大到电子游戏、虚拟现实以及网络社交等领域，探讨游戏如何塑造身份、社会关系以及文化实践。20 世纪末至 21 世纪初，随着视频游戏的普及，魔法圈理论成为讨论游戏与现实界限、沉浸感以及玩家行为的重要框架。

魔法圈的核心在于界定游戏与非游戏空间的界限，强调游戏空间的独立性和特殊性，它是一个临时性的、规则自洽的世界，参与者在此遵循特定的游戏逻辑。游戏内的规则与现实世界不同，且在魔法圈内具有约束力，玩家自主选择进入并接受圈内的规则。随着技术进步和社会变迁,魔法圈的界限变得越来越模糊,现实生活与虚拟游戏体验相互渗透。

「延伸:魔法圈的概念不仅限于游戏领域,也被应用于理解节日庆典、体育赛事、戏剧表演、剧本杀等其他形式的文化活动,这些活动中同样存在类似的规则界定和界限划分。」

波希米亚风格(Bohemian Style)

波希米亚风格是一种富有浪漫主义色彩、强调个性与自由的生活与艺术表达方式,源自19世纪的欧洲,尤其是巴黎的艺术与文化运动。它深受吉卜赛文化、东欧民族服饰以及19世纪中叶法国波希米亚文化的影响,逐渐演变成一种全球流行的时尚和室内装饰风格。波希米亚风格的起源可追溯至19世纪中叶,与法国作家亨利·穆杰的短篇故事集《波希米亚人的生活情景》有关,这部作品描绘了巴黎艺术家们自由不羁的生活方式,奠定了波希米亚文化的基础。20世纪60—70年代的嬉皮士运动中,波希米亚风格再次兴起,成为反文化和自由精神的象征,强调自然、手工艺、和平与爱的理念。

波希米亚风格强调个性解放、精神自由、艺术化的生活态度,以及对传统规范的反叛。波希米亚风格体现在层叠蕾丝、蜡染印花、流苏、刺绣、珠串装饰,色彩丰富,材质多采用棉麻、丝绸等自然材质,体现手工艺之美;注重随性与自由布局,使用大胆的颜色搭配,偏好自然材料如木材、竹子、皮革和手工艺品,搭配绿植、复古家具和民族风情饰品;波希米亚风格倾向于旅行、艺术创作、冥想和自然亲近,追求心灵的自由与创意的表达。

「延伸:弗里达·卡罗的个人风格和艺术作品常常被看作波希米亚精神的体现,她独特的着装和家中装饰均展现出浓郁的波希米亚风情。在服装领域,华裔时尚设计师萧志美以其充满波希米亚风格的时装系列闻名。」

波尔卡圆点(Polka Dots)

波尔卡圆点起源于 19 世纪,最初可能与波尔卡舞蹈服装上的图案有关。在 20 世纪 50 年代达到了流行的顶峰,与当时的新风貌风格相得益彰,成为女性优雅与俏皮的象征。

在设计上,波尔卡圆点传达了一种复古而又不失时尚感的美学,容易引起怀旧情绪;它可以适应各种色彩组合和大小变化,从小巧密集的点到大胆醒目的大圆点,适应不同风格和场合。如伊夫·圣罗兰、马克·雅可布等设计师在其作品中运用波尔卡圆点,将其融入高级时装设计中。品牌如 MINI 和 Vespa 也曾利用这一图案强化其品牌中的复古与趣味元素。

「延伸:在不同的文化和历史背景下,波尔卡圆点被赋予了多重含义,比如在西方,它有时与欢乐和庆祝气氛相关联;而在日本,它象征着幸运。草间弥生是著名的日本艺术家,她对波尔卡圆点的痴迷几乎贯穿了她的整个艺术生涯,创作出了无数令人印象深刻的波点艺术作品。」

超感官知觉(Extrasensory Perception)

超感官知觉(ESP)是指超出我们已知的五种基本感官(视觉、听觉、嗅觉、味觉、触觉)之外的感知能力,通常包括心灵感应、预知、遥视和心灵致动等现象。尽管科学界对此类现象持谨慎甚至怀疑态度,ESP 仍是心理学、神秘学和流行文化中的一个重要话题。19 世纪末至 20 世纪初,随着灵学研究的兴起,ESP 开始受到关注。英国社会学家弗雷德里克·迈尔斯和美国心理学家威廉·詹姆斯等学者对此进行了初步探讨。20 世纪 30 年代,杜克大学的心理学家 J. B. 莱茵通过一系列标准化实验,试图量化 ESP 现象,特别是使用 Zener 牌进行的心灵感应测试，这些实验标志着 ESP 科学研究的开端。自莱茵的研究以来，ESP 一直是争议的焦点。一些科学家尝试用严谨的方法重复这些实验，但结果往往无法一致重现。总之，ESP 研究仍处在边缘科学领域，偶尔有新的研究提出，但主流科学界大多对此保持怀疑。

ESP 现象据称超越了已知物理法则，无法通过传统感官渠道解释；由于其随机性和不可控性，ESP 现象难以在实验室条件下稳定再现；ESP 经验往往基于个体报告，缺乏客观证据支持。尤里·盖勒是 20 世纪最著名的 ESP 现象声称者之一，以其所谓的弯勺能力和遥视能力闻名。

「延伸：20 世纪 70—90 年代，美国中央情报局曾秘密资助了一系列名为"星门计划"的项目，旨在探索 ESP 在情报收集上的应用，但最终因效果不显著而终止。ESP 概念也频繁出现在科幻小说、电影和电视节目中，如《X 档案》《星际之门》系列，激发了公众对超自然现象的兴趣和想象。」

嗅觉标识（Olfactory Branding）

嗅觉标识是一种营销策略，通过特定气味营造品牌形象，加深消费者的情感记忆和品牌识别度。它利用嗅觉这一强大而直接的感官通道，创造独特的品牌体验，影响顾客情绪和行为。随着马丁·林斯特龙等市场研究者开始探讨感官营销，特别是嗅觉在品牌建设中的潜力，嗅觉标识的概念逐渐进入商业实践。2005年林斯特龙的著作《买》中详细介绍了嗅觉如何影响消费者的潜意识决策，进一步推动嗅觉标识成为品牌战略的一部分。

嗅觉标识的核心目的是通过精心设计的气味，强化品牌形象，建立情感纽带，提升客户忠诚度和购买意愿，其特点在于每个品牌的嗅觉标识需独一无二，与品牌价值观和形象相匹配；利用气味唤起消费者特定情感反应，如舒适、放松或兴奋；不仅限于实体店，也应用于产品包装、广告、线上体验等，形成统一的品牌嗅觉识别体系，如威斯汀酒店的白茶香味，成功地将这一清新淡雅的香气与其品牌形象绑定，营造出放松和高端的住宿体验。

「延伸：研究表明，嗅觉记忆比视觉或听觉记忆更为持久，这是因为嗅觉信息直接通往大脑的情感中心——杏仁核。因此一些品牌尝试将特定气味注册为商标，如培乐多香草味彩泥在美国注册了气味商标。」

动态雕塑（Kinetic Sculpture）

动态雕塑是一种结合了艺术与机械运动的雕塑形式，其特点是作品能够随时间、环境因素或内置机制的变化而移动或变形，创造出视觉和听觉上的动态效果，为观者带来独特的审美体验。20世纪20年代俄罗斯构成主义者如弗拉基米尔·塔特林和亚历山大·罗德琴科的实验性作品，为动态雕塑的发展奠定了基础。亚历山大·考尔德的"活动雕塑"和"静态雕塑"成为动态雕塑的里程碑，他利用平衡原理和空气流动，使作品在空间中自由移动。进入60年代，随着技术的进一步发展，动态雕塑进入电子时代，艺术家如让·丁格力创作了以机械运动和自动化为主的雕塑，如《向纽约致敬》。

动态雕塑旨在通过运动探索时间、空间与形式之间的关系，强调作品与观众、环境的互动，以及作品内部结构的动态美感。动态变化是其核心特征，运动可以是由风、水、电动机、观众参与等触发；观众的接近或环境条件的改变都能影响雕塑的状态，增强了观赏的参与性和体验性；结合了工程学、物理学、电子技术与艺术创造，体现了跨学科的特性。

「延伸：据说考尔德在观看巴黎的一场街头表演时，被表演者的动作启发，萌发了创作动态雕塑的想法。」

声音景观(Soundscape)

声音景观指的是一个特定环境中的全部声音环境,包括自然声、人为声及它们的组合效果,它强调声音作为设计元素的重要性,旨在创造和谐、有意义的听觉体验。声音景观的概念起源于20世纪60年代末,由加拿大作曲家与声音生态学家R.穆雷·谢弗首次提出,他在著作《声景学:我们的声环境与世界的调音》中系统阐述了这一理念,引发了对声音环境关注的新潮流。世界首例声音景观项目是1975年由日本建筑师矶崎新设计的北九州市立中央图书馆,通过建筑布局和材料选择控制内部声音环境,减少外界噪声干扰,营造静谧的学习空间。

声音景观设计旨在优化和创造性地利用声音,以增强空间的氛围、文化认同和使用者的福祉,实现听觉与视觉的和谐统一。声音景观要综合考虑物理空间、社会文化背景与人类感知,设计出既符合功能需求又富有情感表达的声景;声音景观鼓励人与环境的互动,如通过声音装置艺术激发观众参与,或通过声音引导人流;在设计中考虑减少噪声污染,促进生物多样性,创建健康且生态友好的声环境。

「延伸:马克斯·纽豪斯被认为是公共空间声音艺

术的先驱，其作品如《时代广场》（纽约时代广场下的隐蔽声音装置），改变了人们对于公共空间声音体验的认知。」

未来考古学（Future Archaeology）

未来考古学是一种跨学科的思维模式和艺术实践，它结合了考古学、未来学、科幻文学、艺术设计等多个领域的理论与方法，旨在探索和预测未来的可能性，同时反思现代社会的文化、科技与环境趋势。未来考古学并非传统意义上的考古学分支，而是通过对未来遗存的设想和构建，批判性地审视当下的社会变迁和人类行为。2014年前后，弗里德里克·詹姆逊的著作《未来考古学：乌托邦欲望及其他科幻小说》出版，标志着未来考古学作为一个概念在学术界的正式确立。詹姆逊在书中通过分析科幻小说，探讨了科技发展与社会变迁对人类认知和文化形态的影响。

未来考古学的核心主旨在于通过设想未来被发掘的遗迹，揭示和批判当代社会的结构、价值观和技术趋势，激发对人类未来命运的思考和讨论。未来考古作品结合了历史学、考古学、科幻、艺术和哲学等多个领域的知识；基于当前的科技、文化和社会趋势，对未来可能出现的场景进行合理的推测和想象；不仅展现未来图景，更通过未来的视角审视和反思当下，提出对人类行为和文明走向的深刻质疑。

「延伸：艺术家文森特·富尼耶的作品被广泛认为是未来考古学在视觉艺术领域的代表，他的创作通过摄影和装置艺术，呈现了一种对未来的考古式想象，如虚构的科技遗址和遗物，这些作品在艺术界引起了广泛关注。」

艺术治疗（Art Therapy）

艺术治疗作为一种结合创意表达和心理健康干预的跨学科领域，利用艺术创作过程及其产品来促进个人的情感、认知和心理福祉。1942年英国艺术家阿德里安·希尔首次提出"艺术治疗"一词，他在第二次世界大战期间因病住院时，发现绘画有助于他的心理恢复，随后在医院推广这一做法。1969年美国成立了美国艺术治疗协会，标志着艺术治疗作为专业实践在美国得到正式认可。1973年世界艺术治疗联盟成立，更是促进了国际间艺术治疗理念与实践的交流与合作。

艺术治疗的核心宗旨在于通过非言语的创造性表达，帮助个体探索内心世界，解决情感冲突，促进自我认识和个人成长。艺术作品成为沟通的桥梁，尤其适合那些难以用言语表达感受的人群；艺术治疗过程中尊重每个人的创作自由，无论艺术技能水平如何，都能从中获益；艺术治疗关注个体的心理、情感、身体和社会层面的整体性，促进身心健康。玛格丽特·南姆伯格被誉为"艺术治疗之母"，她的著作《艺术如何治愈人心》是该领域的经典文献，奠定了艺术治疗的理论基础。

「延伸：艺术治疗中的作品通常不是为了展览而创作，而是治疗过程的一部分，具有高度隐私性。然而，一些治疗过程中产生的艺术作品会在去除个人标识后被用于教育和研究，展示艺术治疗的成果和多样性。」

艺术的终结（End of Art）

艺术的终结这一概念主要源自哲学和艺术理论，特别是 20 世纪后半叶的文化批评中，它探讨的是艺术作为一种历史进程或特定发展范式的终结。美国艺术评论家阿瑟·丹托在文章《艺术终结后的艺术》中，提出了艺术史已达到其逻辑终点的观点。他以安迪·沃霍尔的《布里洛盒子》为例，指出当艺术品与日常物品无法区分时，艺术的定义需要重新考量。这一思想并不意味着艺术实践本身的停止，而是指传统意义上艺术进步观念、艺术的历史目的论，或是艺术与社会、文化关系的根本变化。

艺术终结的讨论关注于现代主义之后艺术身份的危机，以及艺术如何在后现代情境下寻找新的意义和存在方式。这一观念认为不再有统一的艺术风格或发展方向，艺术变得更加多元和相对；强调艺术的思想内容而非形式，艺术作品的价值更多在于其传达的思想而非物质形态；艺术创作不再追求线性历史的进步，而是进入了一个循环、反思或混杂的时代。

「延伸：虽然被称为"艺术的终结"，但实际上这标志着艺术进入了新的发展阶段。安迪·沃霍尔的《布里洛盒子》挑战了艺术品和普通产品之间的界限；约瑟夫·科索斯的《一把椅子和三把椅子》探讨了艺术的本质、再现与现实的关系。」

混合媒材绘画（Mixed Media Painting）

混合媒材绘画是一种使用多种材料和技术进行创作的绘画方式。这种方法允许艺术家在单一作品中结合不同的材料，如油画棒、颜料、纸张、照片、金属、木材等，创造出丰富的视觉效果和质感。混合媒材绘画的实践可以追溯到20世纪初，但它在20世纪中期，特别是抽象表现主义和后现代艺术运动期间，变得尤为流行。其中罗伯特·劳森伯格的组合画作品结合了绘画、雕塑和日常物品，是混合媒材绘画的典型代表。布鲁斯·瑙曼的霓虹灯作品和雕塑作品，如《绿光走廊》，更是展示了混合媒材的多样性。

混合媒材绘画的核心在于使用多样化的材料，创造出独特的表面效果和深度；艺术家经常采用非传统的绘画技术，如拼贴、刮擦、涂抹等；混合媒材绘画常常跨越绘画、雕塑、摄影和装置艺术的界限；这种媒介鼓励艺术家探索个人的视觉语言和主题。

「延伸：混合媒材艺术家常常从日常生活中寻找灵感，使用找到的物体来创作他们的艺术品。这种媒介的灵活性使得艺术家可以在作品中融入个人的故事和社会评论。」

分形几何与艺术（Fractal Geometry and Art）

分形几何与艺术是一种将数学理论与视觉艺术相结合的创新领域，它利用分形几何的概念，即在不同尺度下重复的自相似图案，创造出既复杂又有序的美学作品。分形理论的基石由数学家曼德博奠定，他在 1975 年出版的《大自然的分形几何学》中正式提出了分形几何的概念。随着计算机图形技术的发展，20世纪80年代，艺术家们开始利用算法生成分形图像，如曼德博集合，这标志着分形艺术的兴起。随着个人电脑的普及和图形软件的进步，艺术家如杰里米·布洛克等开始在数字艺术和动画中应用分形原理。

分形艺术旨在通过数学的精确性与自然界的复杂性相结合，探索形态与规律的无限可能，展现自然界和虚拟世界中隐藏的秩序与美。分形图案在不同尺度下重复出现，即使放大观察也能看到与整体相似的结构；理论上分形图案可以无限放大，每次放大都会展现新的细节；结合数学算法和艺术家的创意，创造出既科学又富有想象力的作品。

「延伸：曼德博集合是最著名的分形艺术作品之一，通过计算复数平面中满足特定公式的点，形成了一个既复杂又极具吸引力的图形。科赫雪花是另一个经典的分形图案，通过简单规则重复迭代，形成无限精细的雪花形状。」

规模谬误（Fallacy of Scaling）

规模谬误是一个跨学科的概念，主要在经济学、生物学、工程学和艺术设计等领域有所体现，指的是错误地假设一个系统、过程或设计在不同规模上保持相同属性或效率。在艺术与设计的语境下,它强调了尺寸改变对作品的美学、功能和结构完整性的影响。20世纪中叶,随着现代主义设计的兴起,设计师开始更加系统地考虑规模和比例在建筑、家具乃至日用品设计中的作用。例如,勒·柯布西耶的模度系统尝试建立一种基于人体比例的设计尺度标准,体现了对规模合理性的人本关怀。

在艺术与设计中,规模谬误的讨论聚焦于如何在不同尺度上保持设计的和谐、功能性和美观,强调深入理解尺寸变化对设计元素的影响;正确处理比例关系是避免规模谬误的关键,无论是宏观的公共艺术还是微观的产品设计;设计在放大或缩小时,其功能性和耐用性需相应调整,以保持实用性;规模变化不应损害作品的美学特质,设计师需考虑视觉元素在不同尺寸下的表现力。

「延伸:在数字设计领域,像素艺术作品在放大时往往会失去清晰度和美感,这说明了在不同分辨率(即规模)下设计表现的挑战。」

自相似性(Self-Similarity)

自相似性在艺术与设计领域是一种重要的美学概念,

它描述了对象或图案在不同比例尺上重复出现的相似结构，无论放大或缩小，都能看到相似的形态和组织结构。自相似性的数学基础源于分形几何，这一领域由数学家曼德博在 20 世纪 60 年代末至 70 年代初系统性地建立。他在 1975 年出版的《大自然的分形几何学》一书中，首次全面阐述了自相似性和分形的概念。在艺术领域里，杰弗里·希尔顿的作品特别突出了分形艺术的美学魅力，他利用计算机生成了一系列色彩丰富、形态多变的自相似图像。

自相似性在艺术与设计中的应用旨在探索自然界的复杂性和秩序，通过重复和变化的模式，创造既有序又无限复杂的作品，挑战传统审美观念。自相似图案在理论上可以无限放大，每次放大都会呈现出与整体相似但细节更丰富的结构；模仿自然界中的自相似现象，如树枝分叉、雪花形状、海岸线轮廓等，强化作品与自然界的联系；通过重复和变化创造强烈的视觉效果，吸引观众深入探索作品的每个细节。

「延伸：自相似不仅是艺术创造的灵感来源，也是自然界的基本设计原则，从雪花的六边形对称到罗马花椰菜的螺旋排列，都是自相似性的实例。」

机器人艺术（Robot Art）

机器人艺术作为艺术与科技交叉领域的一个新兴分支，探索了机器人技术在创意表达、观众互动和艺术创作中的应用。1968 年美国艺术家白南准的"Robot K-456"，被认为是最早的机器人艺术作品之一，它是一个可移动的机器人雕塑，能够与观众互动。随着数字艺术的兴起，机器人艺术作品开始在国际艺术展上崭露头角，如 20 世纪 90 年代奥地利艺术家戈特弗里德·郝文的机器人肖像画，利用机器人手臂进行绘画。随着人工智能技术的飞速发展，机器人艺术更加注重智能交互和自主创作，如由帕特里克·特雷塞特设计的绘画机器人，能够观察并绘制模特的肖像。

机器人艺术在发展中不断探索技术与人类创造力的融合，提出关于创造力本质、人机关系以及未来艺术形式的哲学思考。许多机器人艺术作品鼓励观众参与，通过传感器、摄像头等设备与观众互动，提供个性化体验；部分机器人艺术家致力于开发能够自主创作的艺术机器人，这些机器人能基于算法或学习过程生成原创作品。

「延伸：2018 年，世界首次由人工智能创作的肖像画在佳士得拍卖行售出，这标志着机器人创作的艺术品开始进入主流艺术市场。」

膜拜价值（Cult Value）

　　膜拜价值在艺术和设计领域中，是指一件作品因其独特性、稀缺性、象征意义或与特定信仰、传统或历史事件的关联而被赋予的超越其物质形态的精神价值。这类作品往往能激发强烈的敬畏感、虔诚的崇拜或深刻的情感共鸣，成为文化传承和精神寄托的载体。最早的膜拜价值体现在原始宗教和图腾崇拜中，它们被视为沟通神灵与人类的媒介，具有神圣不可侵犯的地位。从杜尚的《泉》到安迪·沃霍尔的《玛丽莲·梦露》系列，当代艺术家们通过挑战传统的审美标准和符号系统，创造了具有强烈争议性和话题性的作品，这些作品因其独创性和对社会文化的批判性反思而获得了膜拜价值。

　　膜拜价值的核心在于作品能够触及人类心灵深处的共同情感和信仰，成为连接个人与集体记忆、文化认同的重要纽带。膜拜价值的作品往往富含象征意义，能够引发广泛的解读和联想；它们能够激发观众的强烈情感反应，包括敬畏、悲伤、喜悦或愤怒；这些作品承载着特定文化的历史、哲学和美学观念，成为跨时空的文化遗产。

　　「延伸：克里斯托夫妇 1980 年在迈阿密比斯坎湾创作的大地艺术装置《被环绕的群岛》，通过包裹 11

座岛屿，创造了一个引人入胜的视觉奇观，引发了关于自然、艺术与环境关系的广泛讨论，成为当代艺术膜拜价值的典范。」

后网络艺术（Post-Internet Art）

后网络艺术是一种艺术实践和运动，它探索和反映互联网及其技术对社会、文化和艺术形式的影响。这个术语最早由艺术家和评论家玛丽莎·奥尔森在 2008 年的博客文章中提出，她描述了那些"出生在网络之后"的艺术家如何与数字媒体和网络空间互动。2013 年纽约现代艺术博物馆 PS1 展馆举办了一场名为"URLs IRL"的展览，聚焦后网络艺术，展示了多位艺术家的作品，这被视为后网络艺术进入主流艺术界的标志之一。

后网络艺术经常探讨虚拟与现实之间的界限，以及数字技术如何影响我们的感知和体验。它通常包含对网络文化、在线行为和社会现象的讽刺和评论；作品常常通过去中心化的方式传播，利用网络平台实现全球范围内的观众参与；后网络艺术作品常采用视频、动画、数字拼贴、社交媒体互动等多种媒介。

「延伸：梗是网络上广泛传播的幽默或讽刺元素，后网络艺术家经常利用梗来创作作品。」

演化艺术（Evolutionary Art）

演化艺术是指利用计算模型模拟自然选择和演化过程来创造艺术作品。它通常涉及算法和计算机程序，这些程序能够生成、变异和选择图形、声音、音乐或其他形式的艺术表达，从而创造出新的、有时是令人惊讶的艺术作品。演化艺术的起源可以追溯到20世纪60和70年代的计算机艺术实验，但直到90年代，随着个人计算机性能的提升和编程语言的发展，演化艺术才真正成为可能。1991年威廉·拉瑟姆和斯蒂芬·托德的 *Morphogenesis* 项目，使用遗传算法产生复杂的生物形态图像，是演化艺术早期的重要作品之一。

演化艺术依赖于算法自动生成艺术作品，这种自动化过程可以产生人类难以预见的结果；通过随机变异和自然选择的过程，演化艺术可以探索广阔的设计空间，寻找新颖的美学特征；作品在每一轮迭代中都会根据预设的评价标准进行优化，这类似于自然界的适者生存原则。

「延伸：有些演化艺术作品会实时响应观众的反馈，通过机器学习调整后续的演化方向，使作品更加具有互动性和个性。」

数据行为艺术（Data Performance Art）

数据行为艺术是一种结合了数据科学、行为科学与艺术表现手法的创新领域。它利用数据集作为创作素材，通过艺术家的视角和创造力，将数据转化为具有情感共鸣和批判性思考的作品。数据行为艺术的兴起与大数据时代的来临紧密相关。随着互联网和数字化技术的普及，数据量呈爆炸式增长，为艺术家提供了前所未有的素材来源。德国行为艺术家西蒙·韦克特的作品《谷歌地图黑客》，用99部手机模拟交通拥堵，影响了谷歌地图的实时路况数据，以此讽刺了数据驱动社会中的信息真实性和隐私问题。

数据行为艺术的核心主旨在于利用数据揭露社会现象、探讨隐私边界、批判技术对人性的影响，以及探索数据与人类情感的连接。作品的构思、形成和发展直接依赖于数据的收集和分析；融合了艺术、科技、数学和社会科学等多个领域的知识和方法；"数据投毒"艺术家们通过干预数据集，揭露了AI和大数据背后的伦理问题；许多数据行为艺术作品鼓励观众的参与，通过互动收集数据，进一步丰富作品的内涵。

「延伸：为防止其作品未经许可被人工智能系统使用，艺术家和设计师可以通过"龙葵"类的数据投毒工具保护自身知识产权。」

视觉深度（Visual Depth）

视觉深度是指人类视觉系统感知三维空间的能力，它使我们能够判断物体的距离和深度。这一概念在艺术和设计领域尤为重要，艺术家通过各种技巧在二维平面上创造出具有深度感的图像，增强视觉效果和情感表达。在设计中，视觉深度的运用可以增加界面的层次感和吸引力。15世纪意大利画家菲利波·布鲁内莱斯基发明了线性透视法，这是视觉深度在艺术史上的一大突破，它允许艺术家在平面上精确地再现三维空间。

视觉深度在艺术和设计中的应用旨在增强作品的空间感，使观者能够感受到画面的立体性和层次性，从而提升作品的表现力和感染力。视觉深度的运用包括线性透视、大气透视和重叠等技巧，用来模拟真实世界的深度和距离；通过明暗对比和阴影投射，营造出物体的体积感和深度感；近处物体的细节更加丰富，远处物体的细节逐渐模糊，以此模拟空气的散射效果。

「延伸：匈牙利艺术家拉兹洛·莫霍利·纳吉使用光和透明材料创作了一系列作品，探索光、影和空间之间的关系，为视觉深度的现代理解提供了新视角。」

交互影像艺术（Interactive Video Art）

交互影像艺术是一种融合了视频技术、计算机编程和观众参与的艺术形式。它打破了传统静态艺术的界限，使观众能够直接影响艺术作品的呈现和演变，观众成为创作过程的一部分。这种艺术形式强调动态、参与性和即时反馈，反映了数字时代艺术与科技的深度融合。白南准被誉为"视频艺术之父"，他的作品《电视花园》展示了视频屏幕与自然环境的互动，探索了技术和自然的关系；美国艺术家比尔·维奥拉，以其深度的影像装置作品著称，如《问候》，探讨了时间、空间和感知的主题；墨西哥裔加拿大艺术家拉斐尔·洛扎诺·赫默，专注于大型互动公共艺术项目，如 *Pulse Room*，通过收集参与者的心跳节奏，创造出集体性的互动体验。

交互影像艺术旨在探索艺术与观众之间新的对话方式，通过技术手段实现艺术的民主化和个性化，鼓励观众主动参与，感受艺术的多样性和开放性。交互影像艺术让观众的行为直接决定作品的状态和走向，作品的最终形态依赖于参与者的独特贡献；作品能够实时响应观众的动作，提供即时的视觉、听觉或触觉反馈；作品能结合声音、图像、触觉等多种媒介，为观众创造丰富的多感官体验；好的作品也必然融合了视觉艺术、音乐、表演、科学等多个领域的知识和技术。

「延伸：法国艺术家埃德沃德·迈布里奇在19世纪末使用连续摄影技术捕捉了巴黎街头的景象，这被视为最早的"互动影像"尝试之一，尽管当时的技术还无法实现观众的真正参与。」

远程遥在艺术（Telematic Art）

远程遥在艺术是一种利用电子通信技术，尤其是互联网和卫星通信，来连接不同地理位置的观众和艺术家，共同参与创作或体验的艺术形式。罗伊·阿斯科特是远程艺术的理论先驱，他在1983年创立了"行星际网络艺术"概念，为后来的远程遥在艺术奠定了理论基础。基特·加洛韦和雪莉·拉比诺维茨的《太空中的洞》，通过设置在洛杉矶和纽约的双向视频链接，让人们在公共空间中进行即兴互动，展示了远距离实时沟通的魔力。随着互联网的普及，远程遥在艺术迅速发展，艺术家如娜塔莉·布金的《大众装饰》系列，利用网络视频片段探索网络文化与身份问题。

远程遥在艺术关注人与人之间的远程连接，探索通信技术如何影响我们对空间、时间、身份和社群的理解，强调实时的远程交流与互动，使相隔遥远的人们能够共享同一艺术体验；艺术创作和体验高度依赖于通信技术，技术本身成为艺术表达的一部分；作品鼓励广泛的社会参与，打破传统艺术观众与创作者的界限，实现共创；鼓励跨国界的文化交流，探讨全球化背景下的人类关系和文化多样性。

「延伸：罗伊·阿斯科特被誉为"远程艺术之父"，其理论工作对远程遥在艺术的发展有深远影响。早在1994年，罗莎·孟克曼创建了世界上第一个网络画廊，展示了远程遥在艺术的可能性。」

分布式艺术（Distributed Art）

分布式艺术是一种艺术实践，其中作品的创作、展示或体验过程横跨多个地点，通常借助互联网、网络协议或其他通信技术实现。早期的网络艺术项目通过网页链接到不同的艺术作品，初步展示分布式艺术的概念，如今社交媒体、云计算和移动技术的兴起，进一步推动了分布式艺术的发展，如 Cloud Music 利用气象数据实时生成音乐，体现了数据驱动的艺术创作和全球范围内的数据互联。

分布式艺术旨在探索全球连接下艺术创作和体验的新模式，以及这些模式如何影响我们对文化、身份和社交的理解。其作品分布于不同地点,强调地理空间上的广泛分布和连接;高度依赖于数字技术和网络基础设施,技术既是媒介也是内容的一部分;鼓励观众参与创作过程,通过互动增强作品的动态性和开放性;通常由多个艺术家或公众成员共同参与创作,强调集体智慧和协作精神。

「延伸:最早的分布式艺术项目之一被认为是1994年的 The World's First Collaborative Sentence,由艺术家道格拉斯·戴维斯发起,任何人都可以通过网络添加一句话到这个无限长的句子中,展示了网络的全球连接性和艺术创作的民主化。」

交互装置(Interactive Installation)

交互装置是通过观众的参与来实现作品的完整性和动态性。这种装置邀请观众亲身介入,从而创造出一种双向的交流体验。其起源可以追溯到20世纪中叶,受观念艺术和激浪派运动的影响。随着技术的发展,尤其是数字媒体和互联网的出现,交互装置在20世纪末和21世纪初得到了广泛的发展。白南准的《电视佛》通过闭路电视将佛像的实时录像与观众观看的场景相结合,是早期交互装置的一个例子。杰弗里·肖的《易读的城市》允许观众通过自行车骑行来控制屏幕上的图像，展示了交互装置的潜力。

交互装置的核心在于观众的积极参与，他们的行为直接影响作品的展示和体验；由于观众的互动，作品会呈现出不断变化的形态和内容；交互装置往往结合了艺术、设计、工程和计算机科学等多个领域的知识，通过多感官的互动，观众能够在身体和心理上沉浸在作品中。

「延伸：交互装置常常在公共空间中展出，如博物馆、画廊甚至是街道，使得艺术不再是被动的观赏，而是主动的参与。随着VR和AR技术的发展，交互装置正在进入一个新的时代，观众可以通过头戴设备获得更加沉浸的体验。」

碎片化和非线性艺术（Fragmented and Nonlinear Art）

碎片化和非线性艺术是指在艺术创作中打破传统叙事结构和视觉完整性，采用片段化元素、多重叙述线索以及非连续性布局来表达复杂情感、思想或现实的一种艺术表现手法。毕加索的立体主义作品《亚维农的少女》预示了对传统形象的破碎重组。通过拼贴、自动写作等手法，进一步推进了艺术的碎片化表达，如马塞尔·杜尚的《现成品》系列挑战了艺术的定义。20世纪下半叶，艺术家如辛迪·舍曼的自拍系列，通过角色扮演和摄影，呈现了身份的多面性和叙事的不确定性，是非线性叙事的典型例子。互联网、多媒体艺术和交互设计的发展，如珍妮·霍尔泽的 LED 文字滚动作品，利用数字技术强化了信息的碎片化传播和接收。

碎片化和非线性艺术探讨记忆、时间、身份及现实的复杂性，挑战单一视角和线性叙事，提倡多元解读和主观体验。将整体拆分为不连续的片段，每个部分都可以独立存在，但组合起来产生新的意义；拒绝传统的因果关系和时间顺序，采用交错、循环或随机的结构；通过不同媒介、视角和层次展现故事，鼓励观者主动构建意义；留下未完成的线索，鼓励观众参与完成艺术作品的意义构建。

「延伸：乔治·布拉克和毕加索在创作立体主义作品时，使用拼贴技术，将报纸、布料等日常材料融入画作，这不仅是对传统艺术材料的挑战，也为后来的碎片化艺术提供了先例。」

路缘坡效应（Curb-cut Effect）

路缘坡效应是一种社会学概念，用来描述起初为满足少数群体需求而设计的设施，最终惠及全社会的现象。这一概念源自城市规划和无障碍设计领域，具体指的是最初为方便使用轮椅的残障人士能够顺畅地从街道过渡到人行道而设置的路缘斜坡，随后人们发现这些设计同样便利了婴儿车推行者、骑自行车者、手提重物的行人、老年人以及其他有特殊移动需求的人群。

20 世纪 70 年代初，美国伯克利市的残疾人权利倡导者埃德·罗伯茨推动了路缘坡道的首次安装。路缘坡效应常被用于城市规划和政策制定中，作为证明包容性设计重要性的典型案例。有趣的是，许多城市在安装路缘坡道后，意外发现它们还成了滑板爱好者的热门练习场所，进一步体现了设计的多重用途和对社区活力的激发。路缘坡效应不仅象征着物理环境的无障碍化，更重要的是，它象征着社会对多元需求的认识和尊重，促进了社会的整体进步和公平。它证明了包容性设计不仅限于满足少数群体的需求，也能够提升整个社会的生活质量。

「延伸：涓滴效应是与路缘坡效应类似的更常用的概念，描述的是当资源或优势给予特定群体时，最终也能惠及更广泛人群的现象。」

间离效果(Distancing Effect)

间离效果是德国戏剧革新家贝托尔特·布莱希特提出的一种艺术表现手法。布莱希特受到黑格尔的"异化"概念启发,结合中世纪民间戏剧和中国京剧等元素发展出这一理论。通过这一概念布莱希特挑战了传统戏剧中观众被动沉浸在剧情之中的模式,旨在促进观众的主动思考和批判性反思。

间离效果促使观众保持一定的心理距离,不完全沉浸在故事的情感之中,而是以旁观者的身份观察和分析剧情;通过舞台技巧和表演方式,明确展示戏剧是人为构建的,打破第四堵墙的幻觉,提醒观众意识到艺术作品的虚构本质;目的是让观众在观赏过程中保持清醒头脑,对所展现的社会现象、历史事件或人物行为进行理性的评判和思考;实现间离效果可以通过多种手段,包括直接对观众讲话、使用标语牌、歌曲插入、角色自我反思等,以打破叙事的流畅性。间离效果挑战了传统艺术的情感共鸣模式,转而追求一种更为理智和批判性的观众参与方式。它鼓励观众超越表面的情感体验,深入探讨作品背后的社会、政治和道德议题,从而提升公众的文化意识和批判思维能力。

「延伸:俄国形式主义批评家维克托·什克洛夫斯

基提出的"陌生化"概念,与布莱希特的间离效果有相似之处,都强调通过艺术手段使熟悉的事物变得陌生,以引起注意和思考,但两者侧重点和背景有所不同。」

移情说(Empathy Theory)

移情说是一种美学理论,主要探讨观众或欣赏者如何通过心理投射将自己的情感和感受转移到艺术作品或自然对象上,从而实现情感共鸣和理解。美学家罗伯特·费舍尔首次系统阐述了"移情"概念,而后特奥多尔·李普斯进一步发展和完善了这一理论,使之成为影响广泛的美学理论之一。

移情说认为,我们在欣赏艺术或自然美时,会无意识地将自己的情感状态投射到对象上,仿佛对象本身具有我们的情感;它建立了一座连接审美主体(观众)与审美客体(艺术品或自然景观)之间的情感桥梁,强调了审美经验中的互动性;移情不仅仅是简单的情感反射,它还促进了对对象更深层次的理解和认识,增强了审美的深度和广度;移情过程中,个体试图在心理上同化或模仿对象的形态、动作或情境,这种内模仿机制是移情发生的基础。移情说强调了艺术和审美经验中情感共鸣的重要性,为理解人类如何与艺术作品建立情感联系提供了理论框架。它推动了对审美感知机制的深入研究，同时促进了艺术创作中对情感表达的重视。

「延伸：内模仿是移情说中的一个重要概念，由李普斯提出，指的是人在内心中对对象的形态、动作进行模仿，是实现移情的关键心理过程。同样，情感投射、感同身受等词语都在不同层面上描述了移情的心理过程。」

有意味的形式（Significant Form）

有意味的形式这一概念由英国艺术批评家克莱夫·贝尔在其著作《艺术》中提出。这一理论主张艺术的本质在于其形式本身，而非表现的题材内容或情感传达。在贝尔看来，真正的艺术作品之所以触动人心，是因为它拥有某种能够激发审美情感的特殊形式，即"有意味的形式"。该理论促进了对艺术形式语言的深入探索，尤其是在抽象艺术领域，艺术家如瓦西里·康定斯基和蒙德里安的作品中可以看到对纯粹形式的追求。

根据贝尔的观点，艺术的核心不在于再现现实或传达具体信息，而在于形式的纯粹性和内在的力量；有意味的形式能够直接激发观者内心深处的审美体验，无须借助外在的叙事或象征意义；贝尔认为这种形式是普遍存在的,且对于所有敏感的观者来说都能产生同样的审美反应,因此它具有一定的客观性;有意味的形式通常包含形式元素(如线条、色彩、形状)之间的和谐统一或动态对立,这种关系是激发审美情感的关键。

「延伸:据说贝尔在提出"有意味的形式"时,曾引发艺术圈内广泛讨论,甚至有艺术家试图通过作品验证这一理论,比如创作完全抽象的作品来测试观众是否能感受到所谓的"意味"。」

影响的焦虑(Anxiety of Influence)

影响的焦虑是由美国文学评论家哈罗德·布鲁姆提出的文学批评理论。这一概念首次出现在他的同名著作《影响的焦虑》中。该理论探讨了诗人如何在其创作过程中应对前辈大师的影响,并试图确立自己独立声音的过程。

布鲁姆认为,真正的文学创新来自后辈诗人对前人作品的"创造性误读"。这是一种有意或无意的曲解,目的是摆脱前辈的阴影,实现自己的独创性;该理论蕴含了深刻的心理分析成分,强调了后辈诗人在面对先驱时内心的冲突与焦虑,这种焦虑源自既想继承又想超越的矛盾心理;布鲁姆将影响过程划分为六个阶段,从

"临床"阶段的盲目崇拜,到最终"修正"阶段的自我确立,描述了诗人如何逐步克服前辈的阴影,实现创新。该理论引发了文学批评界的广泛讨论,一些批评者认为它过分强调个人心理和天才论,忽视了文学的社会文化背景。

「延伸:与影响的焦虑不同,互文性理论更加关注文本之间的直接对话与引用关系,而非单向的影响与对抗。」

视觉融合(Visual Fusion)

视觉融合是一种复杂的生理和心理现象,发生在双眼共同工作时,大脑能够将两只眼睛各自接收的图像整合为单一、连续且具有深度感知的视觉体验。这一过程是双眼视觉的基础,对于准确的空间定位、深度感知和立体视觉至关重要。

现代娱乐产业利用视觉融合原理,通过立体眼镜让观众体验 3D 电影,其中每只眼睛接收到略有差异的画面,大脑将其融合产生立体效果。早在 19 世纪,魔术灯笼和早期动画利用了视觉暂留和视觉融合原理,让静止的图像看起来像是连续的动作。

海德格尔美学（Heideggerian Aesthetics）

海德格尔美学源于德国哲学家马丁·海德格尔的思想，1927年，海德格尔发表了他的代表作《存在与时间》，虽然这本书主要关注存在论问题，但其中对艺术的潜在讨论为后来的美学思考奠定了基础。1935年至1936年间，海德格尔在弗赖堡大学的一系列讲座中探讨了艺术的本质，这些讲座后来被整理成文，于1950年出版名为《艺术作品的本源》。这是他美学思想最直接和集中的表达，标志着海德格尔美学的形成。

海德格尔美学的核心在于认为艺术是真理的一种揭示方式。他提出艺术作品不仅仅是形式与内容的结合，更是世界、大地（物质性）与存在的显现，揭示了存在本身的真理。他区分了艺术品作为"器具"的功能性用途与作为"世界开启者"的角色，认为真正的艺术超越了日常实用性，开启了一个新的感知世界的维度。海德格尔特别强调语言在艺术中的作用，认为艺术和诗是紧密相连的，诗性语言能够揭示存在最深的层面，而非仅仅传达信息。

「延伸：虽然海德格尔不是传统意义上的艺术家，但他的哲学著作，特别是《艺术作品的本源》，成为艺术理论和批评的重要资源。海德格尔的思想影响了一大批艺术家和思想家，如画家马克·罗斯科、雕塑家安塞姆·基弗等，他们通过作品探索存在、空间、时间和真理的深层含义。」

最平衡脸型（The Most Balanced Facial Profile）

20世纪，艺术家和科学家开始运用数学原理，如黄金分割，来分析人脸美学，认为符合黄金比例的脸型最为吸引人。艺术家如威廉·拉瑟姆指出，通过计算机技术将多张人脸图像重叠平均化处理，得到的"平均脸"通常呈现出高度的对称性和吸引力。

「延伸：化妆师运用色彩、光影技巧来强化面部的对称性和平衡感，如通过修容和高光来调整面部轮廓，使脸部看起来更加立体和均匀。发型设计师也会依据客户脸型设计发型，如为圆形脸设计能够增加脸部长度的发型，为方形脸选择柔和脸部线条的发型，从而达到视觉上的平衡。」

斐波那契数列（Fibonacci Sequence）

斐波那契数列在艺术和设计领域中占据着独特而迷人的位置，它不仅仅是一个数学概念，更是一种自然规律和美学原则的体现。斐波那契数列以其简洁的递推公式（每个数是前两个数的和）闻名，序列开始于 0 和 1，之后是 1、2、3、5、8、13……这个序列与自然界中许多形态的生长模式惊人地吻合，从而在艺术创作和设计构思中找到了广泛应用。斐波那契数列得名于中世纪意大利数学家斐波那契，他在其著作《算盘书》中首次介绍了这一序列，尽管这一序列在中国和印度早有记载。斐波那契数列与黄金分割比例（约等于1.618）密切相关，后者被认为是自然界中最和谐的比例。19 世纪，数学家们开始注意到斐波那契数列与黄金分割的关系，进一步推动了它在艺术领域的应用。20 世纪初，艺术家们开始有意识地将斐波那契数列和黄金分割应用于艺术创作中，寻求形式的和谐与平衡。这一时期，抽象艺术和现代设计运动中可以看到斐波那契数列的影子。

斐波那契数列在艺术和设计中的应用，旨在创造视觉上的和谐与美感，利用自然界的美学原则增强作品的吸引力和内在秩序；斐波那契螺旋是斐波那契数列在二维空间的可视化，它展示了从中心向外扩张的完美对称和动态平衡，常被用作构图和图案设计的基础；艺术家和设计师通过斐波那契数列模仿自然界中的生长模式，如花瓣排列、树枝分叉、贝壳的螺旋线等，使得作品更加贴近自然，富有生命感。

「延伸：从向日葵种子的排列到松果的鳞片，自然界中充满斐波那契数列的例子，这表明自然选择倾向于这一数学模式，因为它可能是最高效的空间利用方式。」

可见性（Visibility）

可见性在艺术和设计领域是一个多维度的概念，它关乎如何有效地传达信息、吸引观众注意并激发情感反应。在艺术史的早期，可见性主要关注形象的逼真再现和叙事的清晰表达。文艺复兴时期，透视法的发明极大地提升了画面的深度感和真实感，代表人物如达·芬奇运用科学方法研究光学，使作品如《最后的晚餐》在空间布局和光线处理上达到新的可见性高度。20 世纪初，现代主义艺术家们开始挑战传统，追求形式简化和抽象表达，如马列维奇的《黑色正方形》强调纯粹色彩和形状的视觉冲击力，标志着对可见性的重新定义。随着科技的进步，数字艺术和交互设计的兴起，可见性概念拓展到了动态影像、虚拟现实等新媒体领域。如爱德华·塔夫特的工作给数据可视化的清晰度和美学树立了标准。

在设计中，可见性关乎如何有效且吸引人地传递信息，这包括色彩、字体、布局等元素的合理使用；通过视觉层次、对比和焦点设置，引导观众视线流动，强化信息的重点和层次；其中视觉元素不仅能传达信息，还能激发情感反应，通过视觉风格、符号和隐喻与观众建立情感联系。

「延伸：有时候，最好的设计几乎是看不见的，它悄无声息地提升用户体验而不显得突兀，如苹果产品的界面设计，追求简洁至极，让功能自然呈现。」

一致性（Consistency）

一致性在艺术与设计领域是一个核心原则，它关乎视觉元素、风格、信息传递及用户体验的连贯性和统一性。这一原则贯穿于不同艺术运动和设计时代，对创造有序、可识别的作品至关重要。在古代文明如古埃及和古希腊，一致性体现在严格的美学规范中。20世纪初，包豪斯学校强调设计的功能性与简洁美，倡导"形式服从功能"，其设计理念和教育体系对全球设计界产生了深远影响，确立了现代设计中的一致性原则。20世纪中叶，随着品牌识别系统的兴起，如保罗·兰德为IBM设计的标志和企业形象，一致性成为品牌传达信任、专业形象的关键。进入互联网时代，UI和UX设计重视界面元素、交互行为的一致性，确保用户能够流畅、高效地使用产品。

在设计中,一致性表现在设计元素如颜色、字体、图标风格的统一,营造整体和谐感;应用在建立品牌或作品的独特视觉语言,增强识别度上;在操作逻辑和界面布局的一致性减少了学习成本,提升了用户体验。

「延伸:一些品牌在产品设计中加入不易察觉但始终存在的细节,如 Adidas 的三道杠,这种微妙的一致性加强了品牌的内在联系。长期项目或团队合作中保持设计的一致性是一项挑战,为此,设计系统应运而生,帮助管理复杂项目中的设计元素。」

三视图(Three-View Drawing)

三视图是工程制图和设计领域中一种基本的表现手法,尤其在工业设计、建筑设计和产品设计中广泛应用。它通过三个正交投影面来全面展现物体的形状和尺寸,确保设计的准确性和可制造性。随着工业革命的到来,机械设计和制造的复杂性增加,对精确图纸的需求激增。法国数学家加斯帕尔·蒙日在 1795 年创立了画法几何学,为三视图的发展奠定了理论基础。19 世纪末 20 世纪初国际标准化组织和美国国家标准学会等机构开始制定工程制图的标准,明确了三视图的绘制规则,这些规则至今仍被广泛使用。

三视图分为正视图、俯视图和侧视图。其宗旨在于通过正交投影从不同角度准确无误地展示物体的形状，保证了设计和制造的精度；通过三个视图的组合，可以全面了解物体的三维结构，包括尺寸、比例和相对位置，避免设计中的遗漏和误解；同时遵循统一的制图标准，确保了图纸的通用性和跨行业的交流，便于设计团队、制造商和客户之间的沟通。

「延伸：轴测图虽不属于三视图，却是一种常用的工程图。轴测图通过等轴距投影展示物体的三维形状，使人们便于理解物体的立体结构，同时保留了一定的直观性和美观性。」

红绿蓝（RGB）

RGB是色彩学中的一个核心概念，特别是在数字艺术和设计领域。詹姆斯·克拉克·麦克斯韦首次提出色彩可以通过红、绿、蓝三种颜色光的不同强度组合产生的理论，为RGB色彩模型的诞生奠定了理论基础。随着电视机和计算机技术的发展，RGB成为屏幕显示色彩的标准。1956年，RCA公司推出了第一台全彩色电视系统，标志着RGB色彩模式在大众媒介中的应用迈出了重要一步。

RGB 色彩模式基于光学中的加色混合原理，即红、绿、蓝三种颜色光按照不同比例混合，可以产生从黑色到白色，以及两者之间的所有可见色彩；在数字世界中，每种颜色由一组数值表示，通常是 0 到 255 的整数，分别对应红、绿、蓝三个通道的亮度强度，这种量化使色彩的处理变得极为精确和高效；由于电子屏幕发光的特性，RGB 模式最适合用于屏幕显示，能够准确地再现色彩，成为数字媒体创作的首选色彩模式。

「延伸：自然界中的彩虹就是 RGB 色彩模式的一个自然实例，太阳光通过水滴折射和反射后，分解成红、橙、黄、绿、蓝、靛、紫七色光谱，其中红、绿、蓝是构成其他颜色的关键。」

青、洋红、黄、黑（CMYK）

CMYK 是印刷业中使用的主要色彩模式，与数字显示领域中的 RGB 相对应。19 世纪中后期三色印刷法（使用青、品红、黄三种原色）在欧洲出现，这是 CMYK 的前身，但为了更好地再现暗色调和黑色，黑色墨水随后被加入，形成了现代 CMYK 四色印刷系统。

与 RGB 加色原理相反，CMYK 是通过吸收白光中特定波长来生成色彩，青、洋红、黄三种颜色墨水叠加能吸收大部分光谱,而黑色墨水的加入主要用于加深暗部和提高印刷效率;CMYK 专为印刷而设计,考虑了纸张吸收和油墨层叠的物理特性,能够在不同纸张和承印物上保持色彩的稳定性和一致性;相对于 RGB,CMYK 的色域较窄,尤其是对于明亮和鲜艳的色彩,这意味着从 RGB 转换到 CMYK 时可能会出现色彩损失,需要设计师在设计阶段就考虑色彩转换的影响。

「延伸:尽管理论上青、洋红、黄可以混合出黑色,但实际上这种混合往往产生一种暗淡的灰色,而且浪费油墨。单独使用黑色墨水不仅可以节省成本,还能获得更纯正的黑色和更深的阴影。」

色域(Color Gamut)

色域指的是某种设备、介质或色彩模型能够再现的颜色范围,它描绘了可见光谱中某一部分的具体色彩集合。17 世纪,牛顿首次通过实验展示了光的色散,为色彩科学奠定了基础。19 世纪,歌德的《色彩论》进一步探讨了色彩感知的心理学层面,虽然其中包含一些错误观念,但对后来的色彩理论发展产生了深远影响。随着技术进步,特别是电视机、计算机显示器和打印机的发明,RGB 和 CMYK 色彩模型被广泛采用,分别对应电子显示和印刷业的色域需求。这些模型的标准化标志着色域概念在技术应用中的具体化。1993 年，国际色彩联盟的成立旨在促进不同设备间色彩管理的一致性，其开发的 ICC 色彩配置文件使得色域匹配成为可能，极大促进了跨平台色彩准确性的提升。

不同的显示设备（如 CRT、LCD、OLED）和打印技术（喷墨、激光）具有各自独特的色域，理解并利用这些差异是高质量色彩复制的关键。现代色彩管理系统旨在通过映射不同色域，保证色彩在不同设备间传递时尽可能保持一致，减少因色域限制导致的色彩失真。

「延伸：针对特定类型的色盲，特殊设计的眼镜通过调整进入眼睛的光线，帮助佩戴者扩大他们所能感知的色域，从而体验更丰富的色彩世界。」

深度（Depth）

在设计和艺术领域里，深度是一个核心概念，它指的是作品中所呈现的三维空间感或立体效果。深度的营造可以使观者感受到画面不局限于二维平面上，而是具有延伸到背景中的错觉，增加了作品的现实感和沉浸感。早在文艺复兴时期，艺术家如达·芬奇、拉斐尔就已熟练运用单点透视法则，精确描绘建筑和景观的深度，使画面看起来更加逼真。随着印象派及之后的现代艺术运动，艺术家开始探索非传统的深度表现手法，如色彩对比和笔触的自由运用，来传达主观感受中的空间感。在当代，数字艺术和计算机图形学的发展为深度的创造提供了新的手段。例如，3D 建模、VR 和 AR 技术，使得艺术家能以前所未有的方式探索和展现深度。

深度的创造可以让观众感觉到场景中的远近、前后关系，这通过透视法、重叠、大小变化、阴影和色彩渐变等技巧实现；在视觉艺术中，通过分层和层次的构建，可以增加作品的深度感；光影的巧妙运用能显著增强深度感，亮部通常指示前景或受光面，而暗部则暗示背景或背光区域，这种对比增加了视觉上的深度。

「延伸：视错觉艺术是一种追求极致逼真，以至于欺骗眼睛的艺术形式，常用来创造仿佛物体跳出画面的深度错觉，如荷兰艺术家埃舍尔的许多作品就巧妙利用了视觉错觉来玩弄深度感。」

对比（Contrast）

对比是指通过展示不同元素之间的区别，增强视觉效果，激发观者的兴趣与感知。对比的运用能够引导视线流动，构建层次结构，赋予作品活力与深度。在西方艺术史中，古典画家如卡拉瓦乔运用光影对比来塑造强烈的空间感和体积感，使画面生动而富有戏剧性。20世纪初，随着现代艺术运动兴起，如立体主义通过形状、视角和色彩的对比实验，打破了传统透视规则，展现了多维度空间。

对比指的是将两种或多种明显不同的元素并置，如颜色、形状、大小、纹理、方向或明暗等，以强调它们之间的差异，从而产生视觉冲击力和动态平衡；通过对比，作品中的关键部分得以突出，信息传递更为高效。比如，明亮色彩与深暗色调的对比可引导注意焦点；粗犷与细腻的纹理对比能丰富触觉感受；对比不仅增强视觉吸引力，还能深化情感表达和主题传达，使艺术作品的意图更加鲜明，故事叙述更有力度。美国艺术家和教育家约瑟夫·阿尔伯斯在其著作《色彩的相互作用》中，基于孟塞尔色彩系统，详细探讨了色彩对比的各种类型，如互补色对比、同时对比等，对后世影响深远。荷兰画家蒙德里安的作品以基本几何形状和有限色彩的极端对比著称，他的"风格派"艺术实践将形式简化至最基本的元素，展示了对比在极简美学中的力量。

「延伸：矛盾空间是一种在视觉艺术和错视艺术中常见的对比应用，如荷兰艺术家埃舍尔的许多作品，通过巧妙设计,创造出在现实中不可能存在的空间结构,挑战观众的视觉逻辑。」

平衡感(Balance)

平衡感是一种美学原则,关乎视觉元素的布局与和谐,确保作品既稳定又吸引人,不偏不倚地达到视觉上的满足。平衡的实现是通过精心安排构成元素,让观赏者感受到一种内在的秩序与和谐。早期文明的艺术与建筑,如古埃及的金字塔、希腊神庙,就已展现出对称平衡的美学追求,象征秩序与永恒。文艺复兴时期艺术家们进一步完善了对称与比例理论,达·芬奇的人体比例研究就是对平衡美感的深入探索。20 世纪,随着抽象艺术和现代设计的发展,不对称平衡成为主流,艺术家们开始更自由地探索视觉元素的布局,如毕加索的立体主义作品。

平衡感是指设计或艺术作品中各部分的视觉重量分布均匀,创造出一种稳定或动态的和谐状态。这种"重量"并非实际物理重量,而是由色彩、形状、纹理、大小等因素综合决定的心理感知重量。作品既可沿中心轴线分割为镜像的两半,如古典建筑的立面设计,给人以正式、稳重的感觉;又可通过不同元素的视觉重量调整达成平衡，虽不完全对称，但视觉上仍感觉均衡，更显活泼与创意；也可以用元素围绕一个中心点呈辐射状分布，如向日葵的花瓣排列，营造出统一而动态的美感；更复杂而微妙的整体平衡形式，要多个不对称元素在整个作品中达到视觉上的均衡。平衡感赋予作品统一与和谐，同时通过对比与变化保持趣味性，避免单调乏味。

「延伸：在当代设计中，设计师常利用视觉引导线、色彩对比等手段创造动态平衡感，使作品在动感中不失稳定。」

饱和度（Saturation）

饱和度是指色彩的纯度或鲜艳程度，即颜色中去除灰色成分后的纯净度和强度。饱和度高的色彩显得更加鲜明、生动，而低饱和度的颜色则显得柔和、淡雅。20世纪初，随着色彩理论的发展，如约翰内斯·伊顿等设计师在包豪斯学校的工作，色彩的饱和度成为设计教育和实践中一个明确可控的元素，被系统地研究和应用。

饱和度描述的是色彩中所含彩色成分的比例，不含灰色的纯色具有最高的饱和度，而完全变为灰色的色彩饱和度为零。高饱和度色彩能强烈吸引人的注意力，而低饱和度色彩则营造出平静或复古的氛围。通过调整饱和度,设计师和艺术家可以控制作品的情绪表达和视觉层次。高饱和度带来强烈的视觉冲击力,适用于强调和突出;低饱和度则有利于营造氛围,使元素和谐共存,减少视觉疲劳。饱和度的对比与搭配是色彩设计中的重要环节,不同饱和度的色彩组合能创造出丰富的视觉效果,如高饱和度色彩与低饱和度色彩的搭配,可以平衡画面,引导视觉流动。

「延伸:在色彩心理学中,饱和度扮演着重要角色。例如,高饱和度的红色常被视为激情和能量的象征,而低饱和度的蓝色则关联着平静和安宁。」

撞色(Color Blocking)

撞色是一种视觉表现手法,指的是将两种或多种高对比度的颜色并置在一起,创造出鲜明、醒目的视觉效果。这种技法通过大胆使用互补色、对比色或饱和度高的色彩组合,强调形状、轮廓,并在二维或三维空间中建立强有力的视觉焦点。20世纪初,在荷兰风格派运动中的艺术家们,如蒙德里安通过黑线划分的红、黄、蓝等纯色块面,将撞色推向了极简抽象的高峰,对后来的设计产生了深远影响。20世纪60年代,时尚界尤其是设计师如伊夫·圣罗兰将撞色引入时装设计,使之风靡一时。同时，平面设计领域也开始广泛采用撞色，强化视觉传播的冲击力。

撞色的核心在于色彩间的高度对比，通常涉及色轮上相对或距离较远的颜色，如红与绿、蓝与橙，这样的配对能立即吸引观者的注意；在设计中，撞色不仅关乎色彩本身，也强调色彩区域的几何分割，通过大块面的纯色运用，构建简洁、有力的图形结构；撞色能够传达强烈的情感和个性，高饱和度的撞色搭配往往给人以活力、自信的感觉，而低饱和度的撞色则可能产生更微妙、复古的效果。

「延伸：撞色在广告设计中也被广泛应用，通过强烈的色彩对比快速吸引消费者注意，如可口可乐的经典红白配色，便是撞色在商业设计中的成功案例。」

孟塞尔色彩系统（Munsell Color System）

孟塞尔色彩系统由美国艺术家阿尔伯特·孟塞尔在 19 世纪末至 20 世纪初创立，是色度学领域的一个重要概念。它从心理学视角出发，根据颜色的视觉感知特征，提供了一种科学且直观的颜色分类与标定方法。1898 年，孟塞尔首次提出色彩理论，起初是为了解决艺术教育中色彩教学的难题。经过不断修订和完善，特别是在 20

世纪初期，孟塞尔色彩系统逐渐成熟，成为一个被广泛认可的色彩描述标准。到了 20 世纪中叶，该系统被美国农业部采纳用于土壤颜色的分类，进一步推广了其在科学领域的应用。如今，它依然是许多行业和学术研究中色彩分析的基础。

孟塞尔色彩系统突破性地将颜色分为三个基本维度：色相、明度和彩度。色相指的是颜色的基本种类，如红、黄、蓝等；明度指衡量颜色的明暗程度，从黑色到白色的连续变化；彩度则是颜色的纯度或饱和度，表示颜色的鲜艳程度。该系统的特点在于它提供了感知上均匀分布的色彩标尺，意味着在色相、明度和彩度的每一步变化对人眼来说感觉上的变化量大致相同，这使得色彩之间的比较更加客观和准确。孟塞尔色彩系统被形象化为一个三维立体模型，其中色相沿水平面排列成环状，明度沿中心轴从底部的黑色到顶部的白色递增，而彩度则从中心轴向外侧增加，形成一系列同心圆。

「延伸：孟塞尔色彩样本因其精确性和一致性，被比作色彩的字典或"色典"，工业界和商业设计中广泛使用这些标准色彩样本进行配色和品质控制。」

设计系统（Design System）

设计系统是一种将设计原则、组件、指导方针以及最佳实践整合在一起的方法论，旨在提升产品开发的效率与一致性。它不仅仅是视觉风格的指南，更是一个涵盖交互模式、代码规范、内容策略、品牌识别等多维度的综合体系。20世纪初，包豪斯学派倡导的"形式追随功能"设计理念，可视为现代设计系统思想的雏形。它强调设计的标准化与系统化，影响了后续工业设计与图形设计领域。随着计算机技术的发展，特别是在1984年苹果公司推出Macintosh及其图形用户界面后，设计系统开始在数字产品中扮演重要角色。苹果的Human Interface Guidelines (HIG) 是早期标志性的设计系统之一，为开发者和设计师提供了统一的界面设计标准。进入互联网时代，尤其是Web 2.0时期，网页设计的复杂度剧增，促使设计系统进一步发展。2011年，Google推出的Material Design不仅是视觉语言的一次革新，也是一个完整的，包含设计原则、组件库和交互规范的设计系统，对行业产生了深远影响。近年来，随着敏捷开发和跨平台应用的普及，设计系统已成为大型科技公司如IBM、Salesforce、Microsoft等的标准配置。同时，开源设计系统如Bootstrap、Ant Design等，也极大地促进了设计资源的共享与标准化。

设计系统的主旨在于通过建立一套统一的设计规则和组件库,提高设计与开发的效率,确保用户体验的一致性。其特点包括:将设计分解为可组合的组件,便于快速搭建界面;适应不同场景的需求变化,易于维护和升级;确保品牌识别度,提升用户体验;提供详尽的文档和指南,帮助团队成员理解和应用设计原则。

「延伸:布拉德·弗罗斯特提出的"原子设计"概念,将设计元素分为原子(如颜色、字体)、分子(如按钮)、组织(如导航栏)、模板和页面五个层次,为构建设计系统提供了一种方法论框架。虽然初期构建设计系统需要较大的投入,但长期来看,它可以大幅减少设计和开发的重复工作,降低维护成本,提高团队协作效率。」

视觉识别系统(Visual Identity System)

视觉识别系统(VIS)是品牌形象塑造的关键组成部分,它通过统一的视觉元素来传达企业或机构的核心价值、文化和个性。这一系统深入细节地规定了标识、颜色、字体、图像风格等设计要素的使用规则,确保在不同的媒介和触点上保持品牌形象的一致性和辨识度。视觉识别的概念可追溯到古代文明中图腾和标志的使用,但现代意义上的 VIS 起源于 20 世纪初的品牌设计实践。1956 年,IBM 委托著名设计师保罗·兰德进行品牌重塑,他设计的 IBM 标志及后续的视觉识别系统成为经典案例,标志着企业开始系统化管理视觉形象。1965 年成立的 Wolff Olins 设计公司,通过为英国广播公司、壳牌石油等设计前瞻性的视觉识别系统,推动了品牌形象设计的现代化进程。

VIS 的主旨在于通过精心设计和管理的视觉元素,强化品牌识别度,传递品牌信息。其特点包括:在保持核心视觉元素一致的同时,允许根据不同情境进行适度变化;通过详细的视觉规范手册,确保从名片到广告牌的所有触点都能保持品牌形象的一致性;随着品牌的发展和市场环境的变化,VIS 需具备一定的灵活性,能够适时更新进化。

「延伸:品牌标识包括 LOGO、色彩、字体等视觉元素,以及品牌故事、价值观等非视觉元素,这些共同构成品牌的核心识别特征。」

比例关系(Proportion)

比例关系是指不同元素之间尺寸、数量或空间分配的相对大小关系,它是构图和谐与美感的关键因素之一。

良好的比例关系能够引导观众的视觉流程，增强作品的平衡感和统一性，同时能传达特定的情感和意义。古典时期比例被严格遵守，如帕特农神庙遵循严格的数学比例，体现了理想化的美和秩序。文艺复兴时期达·芬奇、米开朗琪罗等艺术家深入研究人体比例，创造出了符合自然法则和审美理想的杰作。20世纪，随着现代主义的兴起，比例关系被更加灵活地运用，设计师们开始探索非传统的比例分割，创造出新颖、前卫的设计语言。

比例关系确保作品中的各个组成部分相互协调，无论是建筑物的结构、雕塑的尺寸还是画布上的元素布局，恰当的比例能创造视觉上的平衡与和谐。通过调整元素的大小比例，设计师和艺术家可以引导观众的注意力，强调或淡化某些部分，从而讲述故事或突出主题。比例关系在设计和艺术中扮演着桥梁的角色，连接着美学、数学与人文情感，是创造和谐、引人入胜作品的基础。从古典到现代，它不断演化，却始终是衡量视觉作品是否协调美观的重要标尺。

「延伸：在平面设计和网页设计中，模数比例系统帮助设计师保持元素间的比例一致性，便于创造出统一且易于扩展的设计布局。」

层次感（Layering）

层次感在设计与艺术领域中是一个至关重要的概念，它关乎如何在二维平面上创造出三维空间的错觉，或者在多维度的作品中构建出清晰的结构和视觉流动。这一技巧不仅增强了作品的表现力和观赏性，还深刻影响着观众的情感体验和理解深度。早在文艺复兴时期，艺术家们就利用线性透视法来创造深度感。20世纪初，随着立体主义、抽象表现主义等现代艺术运动的兴起，层次感的表达更加多元和抽象。设计师和艺术家开始探索非传统透视、色彩层叠和材质混搭等手法，以创新方式表现空间和深度。

层次感通过大小、颜色、阴影、透视等手段，在平面设计或绘画中模拟出远近、前后的关系，使画面显得立体而丰富。例如，远处的物体往往描绘得更小、颜色更淡且细节较少，而前景物体则较大、色彩饱和、细节丰富。在网页设计、UI/UX 设计中，层次感通过布局、字体大小和颜色对比来组织信息，帮助用户理解内容的优先级和导航路径，从而提高易用性。层次的巧妙运用可以增强作品的情感表达，如通过深色调和强烈的光影对比营造神秘或紧张的氛围，或使用柔和的色彩过渡和轻盈的元素排列展现宁静和谐。

「延伸：近年随着移动设备界面设计的发展，扁平化设计强调简洁、去除装饰性的阴影和渐变，但依然通过色彩、大小等元素维持一定的层次感。而谷歌推出的 Material Design 则在此基础上引入轻微的阴影和深度效果，创造了更为丰富和互动的视觉层次。」

节奏感（Rhythmic Sense）

节奏感是构成视觉作品动感与韵律的关键因素，通过重复、对比、渐变等手法，在作品中创造出有序或变化的视觉流动，引导观众的注意力并激发情感反应。早在古埃及壁画和古典建筑中，就可见到通过列柱、图案重复等手法体现的节奏感，它们在秩序中寻求美感。文艺复兴时期的艺术家们利用透视法则和构图原则，创造视觉上的节奏和平衡，如达·芬奇的《维特鲁威人》中的几何比例，体现了和谐的节奏美。20世纪初，抽象艺术的兴起，如康定斯基的抽象画作，通过色块、线条的自由组合，探索非具象的节奏与和谐，为节奏感的应用开辟了新天地。

节奏感的核心在于元素的重复使用，但并非简单复制，而是通过微调尺寸、颜色、方向等属性，引入有规律的变化，形成既有统一性又具多样性的视觉序列；通过节奏感的设计，可以引导观众的眼睛按照特定路径移动，增强画面的动态效果，这种流动感有助于讲述故事，强化信息传递；节奏感不仅能塑造视觉效果，还能激发观众的情绪反应。快速、连续的节奏可能带来兴奋或紧张感，而缓慢、平稳的节奏则可能营造出宁静或沉思的氛围。

「延伸：在平面设计中，点、线、面作为基本构成元素，通过不同的组合与排列，能形成丰富的节奏感。著名画家瓦西里·康定斯基认为色彩和形状能够像音乐音符一样，传达情感和节奏，他的作品经常试图捕捉音乐的节奏感。」

协调（Coordination）

协调在设计和艺术领域是一个核心概念，它涉及元素之间和谐相处与有效整合的状态，具体指的是不同组成部分（如色彩、形状、材质、纹理、空间布局等）在作品中相互配合，形成一种和谐统一的整体感。这种和谐不仅体现在形式上的对称或平衡，也体现在情感表达、风格一致性和信息传达的有效性上。

协调是各元素间的大小、数量、位置关系达到视觉平衡，比例适当，避免某一部分过于突兀；色彩的选择与搭配需符合色彩理论,如使用邻近色、互补色或单色系来营造和谐的视觉效果;整体设计或艺术作品中的各个部分应遵循同一风格或主题,确保视觉语言的一致性;不同材质和纹理的搭配要考虑到触感与视觉的和谐统一,增强作品的层次感和质感;在实用设计中,协调还意味着设计的功能性与美观性的完美融合。

「延伸:当艺术设计作品某一部分或者某几部分因材质、颜色、位置等过于突兀,影响到了整体观感,在视觉上导致作品重心偏移中点,设计师和艺术家就会评价这个作品不协调。」

空间感(Space Perception)

空间感是指观察者对二维或三维作品中所呈现空间深度、广度、层次以及物体间关系的感知能力。它关乎如何在有限的物理或视觉范围内创造出无限延伸或特定氛围的感受,是艺术家和设计师用来引导观众视觉体验和情感反应的重要手段。空间感通过构图、透视、光影、色彩、纹理以及形式布局等手段,在视觉作品中构建出虚拟或现实空间的错觉,使观者能够感受到超越画面或实体界限的深度和广延性。

空间感营造的方式有很多,线性透视(如一点透视、两点透视）和大气透视（远处物体颜色变淡、对比减弱）是创造空间深度的传统方法；光影变化也能暗示物体的立体形态和空间位置，增强空间的真实感和氛围；冷暖色调、明暗对比能影响空间的远近感知和情绪表达；通过大小、清晰度的变化以及前景、中景、背景的布局安排，构建视觉层次，引导观者的注意力流动；积极利用画面中的空白区域，与实体形象形成对比，也能增强空间感和设计的呼吸感。

「延伸：在艺术绘画学习中，初学者经常会听到老师评价画面"太堵""没有空气感"和"前后关系拉不开"，这些其实都是在形容画面空间感不足。」

深描（Deep Description）

深描这一概念主要源自人类学和社会科学研究，用于详细、多层次地描绘和分析文化现象，但其理念可借鉴应用于设计和艺术领域，特别是在探讨作品细节、情境构建和文化内涵时。如巴洛克艺术的繁复细节、浪漫主义的情感深度、超现实主义的心理探索，以及后现代艺术对符号和文化意义的解构，都属于深描的描述范围。

深描意味着一种创作或分析手法，通过细腻、全面且富有洞察力的方式，深入挖掘和表现作品的视觉元素、情感内容、文化背景及象征意义。它不仅关注作品的表面特征，更侧重于揭示隐藏的结构、历史脉络、情感深度及与观众互动的潜在层面。深描追求对细节的极致捕捉，每一个元素的选择和布置都有其背后的考量和寓意；从形式、内容到文化背景，全方位剖析作品，构建立体的理解框架；试图触及并传达作品深层的情感和精神实质，促进观众产生深层次的情感共鸣；通过设计元素重现或构建特定情境，让观者仿佛置身其中，体验更加丰富和真实。

分色法（Color Separation）

分色法是一种在印刷和图像复制领域中将彩色图像分解为多个单独颜色层的技术。这项技术使得彩色图像能够通过多种单一颜色油墨（通常是青色、洋红色、黄色和黑色，即CMYK）叠印，从而在纸张或其他承印物上再现原图像的全彩效果。早在19世纪，随着摄影和印刷技术的进步，人们开始探索如何有效地复制彩色图像。到了20世纪初，随着照相分色技术的发明，分色技术开始系统化并广泛应用。

分色技术的核心在于将连续色调的彩色图像分解为

多个基本色的半色调图像，每个颜色层对应一个印刷版。这一过程涉及图像的扫描、滤色（通过红、绿、蓝滤镜）、转换为网点图案等步骤，确保每种颜色油墨在最终印刷品上的正确叠印和颜色混合。分色法的意义在于它极大地推动了彩色印刷技术的发展，使得大规模生产彩色书籍、杂志、广告和其他印刷品成为可能，对商业、艺术和文化传播产生了深远的影响。

「延伸：相关术语包括但不限于："半色调"，指用不同大小的网点模拟连续色调的技术；"四色印刷"，指使用 CMYK 四色进行印刷的过程；"网点"，在分色和印刷中形成图像的基本单元；"套印"，确保多色印刷时各色版精确对齐的技术。」

超以象外，得其环中

"超以象外，得其环中"这一哲思深邃的表达，源自唐朝文学评论家司空图的著作《二十四诗品》中的《雄浑》篇章。该文献是中国古典美学理论的瑰宝，探讨了诗歌及艺术的创作与鉴赏之道。

这一表述鼓励超越表象的局限。"超以象外"意味着在艺术和审美实践中，不应拘泥于事物直观的形象和表层意义，而应当追求更高的层次，即通过想象力的飞跃，探索事物背后更深层的情感和意蕴。它引导人们摆脱现实形态的枷锁,向更加抽象和广阔的意境进发。而"得其环中"则是指在超越形象之后,能把握到艺术或事物的核心本质,如同找到控制门扇自如开合的枢纽,达到创作或理解的自由境地,实现技巧与精神的和谐统一。

"超以象外,得其环中"不仅是对艺术创作深度与广度的追求,也是审美体验中精神升华的哲学概括。这一理念不仅限于诗歌领域,对中国画论、文学理论乃至整个文化哲学都产生了深远的影响,它倡导了一种追求意境之美、虚实相生的美学追求。它教导后人,在艺术的探索中,唯有超越外在形态,方能触及内在真谛,实现艺术表现的最高境界。

「延伸:这一理念深受道家思想的影响,尤其是庄子的"逍遥游"概念,提倡心灵的自由超越,强调通过内心的超脱达到与自然和谐统一的境界。道家哲学中的"无为而治""大象无形"等观点,都与"超以象外"呼应,强调超越表象,把握无形之"道"。」

米点皴

米点皴又称为"米家山水"或"落茄皴",是一种独特的中国山水画技法,由北宋时期的著名书画家米芾及其子米友仁所创。这种技法以其表现江南地区晨雨后云雾缭绕、烟树迷茫的自然景观而著称。米点皴的特点在于运用饱含水墨的横点，密集地点缀于画面之上，以此来描绘山石和云雾，尤其擅长表现江南地区雨后初晴时分，云雾缭绕、烟树迷蒙的自然景观。米芾的点法较大，被称作"大米点"，而米友仁则倾向于更小的点形，故有"小米点"之称。

米点皴首先使用中锋笔触，轻提重按，断续简要地勾勒出山石的大致轮廓；随后，根据轮廓线，采用躺笔方式，以浓淡不一的墨色按需点皴，营造山石的质感与体积感。点与点之间讲究疏密有度，大小相间，既可自上而下，也可反向操作，最终形成一种既统一又富有变化的视觉效果。米点皴不仅是一种技法上的创新，更是情感与意境传达的重要手段。它突破了传统线条描绘山水的局限，强调了水墨的韵味与自然氛围的营造，为中国山水画增添了新的审美维度。

「延伸：相传米芾在雨中游历山水，被那瞬息万变的云雾和雨滴落在山石上的景象深深吸引，由此产生灵感创造了米点皴。此外，米点皴还常常与"雨点皴""钉头皴"等其他山水画技法并提，它们各有特色，共同丰富了中国山水画的表现手法。」

大斧劈皴

大斧劈皴是中国山水画技法的一种，特指用笔如大斧劈木，笔触阔大、方硬有力，以表现岩石的坚硬质感和宏大气象。使用此法，画面呈现出强烈的立体感和动态效果，尤其适合表现近景的石质山峦，给人一种雄浑壮阔、气势磅礴的视觉冲击。这一技法的开创者是南宋时期的著名画家李唐，他早年以雄健的斧劈皴描绘北方山水，晚年则进一步简化笔法，创造出更为直接、力度更强的"大斧劈皴"。斧劈皴在五代至北宋时期已有基础，但真正成熟并形成独特风貌是在李唐手中。随着李唐被纳入南宋画院，他的技法对后世影响深远，尤其是对"南宋四大家"中的马远、夏圭等人，他们沿用并发展了这种技法，使之成为南宋山水画的一个标志性特征。

想要施展大斧劈皴，首先要使用硬毫笔，如狼毫，确保墨色饱满；笔以中锋勾勒山石轮廓，再侧锋用力刮扫，笔触直下，速度要快，入笔略实，出笔稍虚，以表现出斧劈痕迹，利用墨色的浓淡变化和留白，增强山石的光影效果和空间层次。大斧劈皴的出现，不仅丰富了山水画的表现手法，也体现了南宋时期画家对自然景观更加直接、强烈的表现欲望，以及对山水画风格的革新探索。

「延伸：与大斧劈皴相关的还有"小斧劈皴"，后者笔触相对细腻，适用于表现更多细节。同时，"斧劈皴"作为一个统称，涵盖了大、小斧劈等多种变体，均属中国画中山水表现的重要技法。」

笔锋

中国画中的"笔锋"，指的是毛笔笔尖的锋芒及其在纸上运动时的运用方式，它是决定线条质感、墨色变化与画面神韵的关键因素。同时笔锋不仅仅是物理上的笔头尖端，更是一种表现力的载体。它关乎如何控制毛笔，让墨水在纸面上形成理想的痕迹，这包括笔触的厚薄、干湿、刚柔、疾徐等多个维度。通过调整笔锋的方向、压力和速度，艺术家能够在作品中创造出丰富多变的艺术效果。

常见笔锋分六类：中锋、侧锋、逆锋、托锋、折钗股与屋漏痕、飞白锋。它们的使用技巧分别为：

中锋：这是最基础也是最重要的用笔方式，要求笔尖始终位于线条中央，笔杆垂直或接近垂直于纸面。中锋用笔产生的线条饱满、圆润且有力量感，适用于勾勒轮廓、线条及精细部分，能体现画面的骨力与稳定。

侧锋：将笔斜持，笔尖偏向一侧，使得笔腹也参与绘写。侧锋线条较宽，墨色层次丰富，常用于表现山石的质感、树叶的蓬松以及大面积的渲染，增加画面的生动感和丰富性。

逆锋：逆向于常规行笔方向使用，即笔尖先行，笔肚随后，这种技法能产生粗糙、苍劲的效果，适合表现老树皮、岩石的肌理，给画面增添古朴、苍茫的气氛。

拖锋：笔杆前倾，笔锋几乎平贴纸面拖动，这种方法易于控制形状，适合需要快速准确表达的形体，但需注意避免线条过于浮滑，缺乏力度。

折钗股与屋漏痕：比喻笔触的自然曲折和沉稳缓慢。折钗股形容笔锋在转折处如金银钗弯曲的优雅；屋漏痕则是指笔触因墨水缓缓流动而形成的自然痕迹，两者都强调线条的内在节奏与自然美感。

飞白锋：在运笔过程中，笔肚墨少，笔尖与纸面摩擦产生的留白线条，呈现出一种干枯、苍老的效果，常用于表现风骨、气势，增强画面的意境。

「延伸：中国画中的"笔锋"不仅要考虑运笔技巧，还要深刻理解墨量浓淡、力度缓急、转折连续和笔意顺逆这四个维度。融会贯通才能传达相应的情感和精神。」

风格（Style）

风格在设计与艺术领域是一个核心概念，它指的是一种特定的表达方式或创作手法，体现了创作者的个性、时代背景、文化传统及审美倾向。风格不仅仅是视觉外观的总和，更是深层思想、情感和技术手段的综合体现。从古典艺术的严谨比例与和谐之美，到文艺复兴时期对人文主义的追求，再到现代主义的简化形式和功能主义，以及后现代艺术的多元混搭和对传统的解构，风格经历了从规范到反叛，再到融合创新的动态变化过程。每个时期的艺术和设计运动都孕育了代表性的风格，如巴洛克的奢华繁复、印象派的光影捕捉、包豪斯的极简实用等。

风格是艺术家或设计师独特创意和技巧的标志，反映了他们的个人视角和情感色彩；风格受到所处时代的社会环境、技术进步和文化趋势的影响，具有鲜明的时代特征；风格在一位艺术家的作品中通常保持相对一致，同时随着其艺术生涯的发展而演变，展现出多样性；独特的风格使作品易于辨认，帮助观众将之与其他艺术家或设计作品区分开来；风格可以跨越时空，影响后续的艺术和设计潮流，形成风格流派或学派。

「延伸：凡·高的强烈笔触和鲜艳色彩不仅是他个

人风格的标志,也反映了他内心世界的激烈情绪。据说,凡·高曾直接将颜料管里的颜料挤在画布上,以获得更直接、粗犷的涂抹效果,这成为他作品中极具辨识度的风格特征。」

形式(Form)

形式在设计与艺术领域是一个核心概念,它涉及作品的外观结构、组织方式以及视觉或感官体验的基础框架。形式是创造者用来传达意义、情感和美学价值的工具之一,其含义丰富,特点多样,并随着历史的演进展现出不同的风貌。

形式首先指作品的物理或视觉形态,包括形状、线条、色彩、质感、空间布局等元素;在更深层次上,形式还关乎作品的内在结构和组织原则,比如平衡、对比、重复、节奏、对称或不对称等设计原则的应用,它们共同构建了作品的秩序感和和谐性;形式不仅仅是外在的装饰,还是艺术家或设计师表达思想、情感和概念的媒介,通过特定的形式选择,创作者能够与观众建立沟通,引发特定的情感反应或思考。

「延伸:荷兰画家蒙德里安的作品《红、黄、蓝的构成》等,极端简化形式至基本的直线和色块,体现了新造型主义对纯粹形式和抽象的探索。」

内容（Content）

　　内容在设计与艺术语境下是指作品所要传达的信息、主题、情感、故事或观念，它是艺术或设计作品精神内核与意义的载体。与形式相对，内容赋予作品深度与灵魂，使观众得以在感性或理性层面与之产生共鸣。早期艺术多以宗教、神话或皇室生活为主题，内容往往具有明确的教化意义和社会功能。文艺复兴时期艺术内容开始关注人文主义，描绘世俗人物，强调个性表达和现实主义描绘。20世纪初，现代主义艺术家探索个人内心世界，内容变得更为多元和主观。当代艺术的内容更加开放和具有实验性，经常挑战传统边界，涉及政治、性别、身份、环境等广泛议题，形式与内容的界限更加模糊，强调观念和过程。

　　内容可以是直接的信息传递，如文字、符号或图像所承载的具体信息，也可以是更抽象的概念、情绪或思想；艺术作品往往围绕一个中心主题展开，通过内容来探索人性、社会现象、自然环境等广泛议题，并通过情感的注入触动观者；许多艺术作品通过讲述故事或构建场景来展现内容，这种叙事性可以是线性的，也可以是非线性的，甚至是象征性的。

　　「延伸：马塞尔·杜尚的《泉》是对艺术内容和形

式的彻底颠覆，引发了关于"什么可以是艺术"的广泛讨论。」

通感（Synaesthesia）

通感是一种感知现象，在设计与艺术领域，它特指一种能力或创意手法，即不同感官之间的信息能够被混合体验，使得一个感官的刺激能自发地引起另一个感官的体验。例如，听到音乐时"看到"颜色，或者读到文字时"尝到"味道。这种现象为创意工作提供了丰富的灵感来源和表现手段。

通感的核心在于不同感觉通道之间的联觉反应，它打破了常规感知界限，创造出独特的感知体验。每个人的通感体验都是独一无二的，这为艺术家和设计师提供了个性化的创作语言，使作品具有更强的原创性和表现力。通感艺术通过感官的叠加，能够更强烈地激发观众的情感共鸣，加深对作品的理解和感受。

「延伸：俄国作曲家亚历山大·斯克里亚宾尝试将音乐与色彩对应，他的作品《普罗米修斯·火之诗》演出时，使用了"色彩键盘"，尝试同步展示音乐与色彩的变化，是通感在音乐表演中的一个有趣实践。」

解构（Deconstruction）

解构在设计与艺术领域，是指分析和拆解现有结构、形式、意义或理念，进而重新组织这些元素，以创造出新的、往往带有批判性或挑战传统解读的作品。这一概念最初源自哲学领域，由法国哲学家雅克·德里达提出，后广泛影响到建筑、视觉艺术、文学等多个创意领域。20世纪末，建筑师如弗兰克·盖里和丹尼尔·李伯斯金等，将解构主义应用于建筑设计，创造了形态上动态、非对称、似乎处于不断变化中的建筑，如巴塞罗那的奥林匹克体育场和柏林犹太博物馆。艺术家通过拼贴、切割、重组媒介等方式，解构图像、符号和文化象征，如辛迪·舍曼的作品挑战性别角色的传统构造。

解构设计旨在质疑和打破传统规范和预设的意义框架，通过揭示内在的矛盾和不一致性，促使观众重新审视和思考；不仅仅是破坏，解构还包含对拆分元素的重新组合，通过非线性、非逻辑或非常规的方式构建新的结构和意义，展现多样性与复杂性；解构作品常常留有开放性的解读空间，鼓励观众参与完成意义的构建，拒绝单一权威解读。

「延伸：飘带建筑是解构主义建筑的一个分支，形象地描述了某些建筑外观如同被风吹动的布条，自由流动而无固定形态，如扎哈·哈迪德设计的广州大剧院。」

低保真（Lo-Fi）

低保真这个词源自英语"Low Fidelity",最初在音频领域使用,指的是录音或播放设备对声音的还原度较低,包含较多的噪声或失真。随着时间的发展,低保真的概念扩展到了多个领域,包括音乐风格、设计原型制作等。

在音乐领域,低保真起初用来形容那些录音质量不佳的专辑,后来逐渐演化成一种独立的音乐风格。20世纪80年代末至90年代初,低保真不再仅仅指代技术上的缺陷,而是成为一种有意为之的艺术选择,强调粗糙、原始的录音质感,反对过度加工的商业音乐。

在设计领域,特别是用户体验设计中,低保真指的是快速、粗糙的设计模型,用以初步展示和测试产品概念、功能布局和用户交互流程。它通常不注重视觉细节,而是聚焦于功能验证和用户体验的基本框架。

低保真原型强调速度,以便快速实现想法;使用的工具和材料简单,无须大量资源投入;因为不追求精细,所以调整和迭代非常灵活;主要关注产品功能和交互流程,而非视觉效果;有助于早期发现和修正设计问题,而不被视觉元素干扰。

「延伸:线框图是一种常见的低保真原型形式,仅用线条和基本形状勾勒界面布局。」

微交互（Microinteractions）

微交互是指在数字产品或服务中，那些小而专注的瞬间，旨在完成单一任务或解决一个小问题的用户界面设计元素。微交互的概念由设计师丹·萨弗在2013年的著作《微交互：细节设计》中首次系统提出。在此之前，这些细节设计虽已存在，但并未作为一个独立的设计概念被广泛认识和研究。

微交互专注于单一目的，如滑动开关、按钮反馈、加载动画等，每个都针对一个具体的功能或用户行为；它们即时响应用户的操作，提供视觉、听觉或触觉的反馈，增强用户与界面的互动感；通过简化复杂操作、提供指导或确认，微交互提升了产品的易用性和用户满意度；精心设计的微交互能够激发用户的积极情绪，比如成就感、惊喜或乐趣，增强用户黏性；存在于各种应用和设备中，从手机应用的点赞动画到电脑软件的保存提示音，都是微交互的实例。

「延伸：推特最初使用的是星形图标表示收藏，后来改为心形图标并加入了微妙的动画效果，这一微小变化极大提升了用户互动的积极性，成为微交互提升用户情感连接的经典案例。」

触觉反馈（Haptic Feedback）

触觉反馈是一种技术，通过产生力、振动或其他形式的机械刺激，模拟实际触感，使用户在与电子设备或虚拟环境交互时能够感知到触觉信息。在现代设计中，通过振动、压力变化等方式提供触觉反馈，增强了用户与产品间的互动感受，是感性设计中本能层的重要组成部分。触觉反馈技术的起源可以追溯到 20 世纪中叶，随着移动通信和游戏产业的发展，该技术才开始迅速普及。起初主要应用于高端游戏控制器和专业设备，随后集成进个人电子设备，如手机和平板电脑。近年来，随着 VR、AR 技术的进步，以及物联网和自动驾驶汽车等新兴领域的兴起，触觉反馈技术得到了进一步的创新和发展，变得更加精细和个性化。

触觉反馈扩展了人类的感官体验，尤其是在没有实体接触的数字交互中，如触摸屏操作；系统能立即对用户操作做出触觉上的响应，比如点击屏幕时的手感震动；通过模拟物理按键的按压感、滑动的阻力等，提高了用户界面的自然度和直观性；反馈形式多样，从简单的振动到复杂的纹理模拟，满足不同应用场景需求。苹果公司在其 iPhone 和 Apple Watch 中引入了 Taptic Engine，这是一项高级触觉反馈技术，能够提供更精准、细腻的震动反馈，如模拟按压实体按键的感觉，极大地提升了用户体验。

「延伸：一些前沿的触觉反馈应用包括触觉衣，它们能在虚拟环境中模拟风、雨、打击等感觉，为用户提供全方位的沉浸式体验。」

零界面（Zero UI）

零界面是一种设计理念，它强调通过去除传统图形用户界面的限制，实现更加自然、无缝且直观的人机交互方式。在零界面的概念中，技术与用户的交互不再依赖于屏幕、按钮或其他物理输入设备，而是通过语音、手势、表情、环境感知等多模态通信技术进行。随着语音助手如 Siri、小爱的普及，以及智能家居系统的广泛应用，零界面技术发展成为现实生活中的一部分。随着 AR/VR、脑机接口、大模型 AI 等前沿技术的发展，零界面的潜力将进一步释放，未来的人机交互将更加多样化和自然。

零界面的核心在于减少或消除传统意义上的用户界面，让用户与技术的互动更加无形；结合语音识别、面部识别、手势控制、环境感应等多种交互模式，提升交互的自然性和灵活性；系统能够理解用户所处的环境和上下文，自动适应并提供相应的服务，无须用户主动调用；追求让用户感觉不到技术的存在，仿佛直接与内容和服务本身交互，提升用户体验的流畅度和沉浸感；通过减少对特定交互设备的依赖，零界面设计更易于被不同能力和需求的用户群体接受和使用。

「延伸：虽然 Google Glass 并非严格意义上的零界面产品，但它展示了如何通过眼镜直接将信息投影到用户的视野中，减少了对传统屏幕的依赖。」

三一律（Three Unities）

三一律是戏剧理论中一个经典的原则，它规定剧本创作必须遵循时间、地点和情节的一致性。这一原则源自西方戏剧结构理论，旨在通过严格的结构安排来增强作品的统一性和紧凑性。17 世纪，法国新古典主义戏剧家，如布瓦洛，将三一律推广为戏剧创作的严格准则，影响了整个欧洲剧坛，尤其是在宫廷赞助的戏剧作品中。随着浪漫主义运动的兴起，艺术家们开始挑战三一律的严格限制，追求更自由的表达形式，但其原则在某些现代剧作和电影中仍可见其影响。

三一律包含时间的统一：戏剧中的所有事件应在一个连续的时间段内发生，通常限定在 24 小时之内，以确保故事的紧凑性。地点的统一：整个戏剧的情节需局限在一个单一的地点，避免场景频繁转换，有助于观众聚焦于主要冲突和角色发展。情节的统一：剧本应围绕一个中心事件或主题展开，排除所有与主线无关的旁枝末节，确保情节的连贯和集中。莫里哀的《伪君子》就是遵循三一律的经典范例，全剧紧密围绕揭露达尔杜弗伪善面目的单一主题，情节紧凑地在一昼夜之内，在奥尔恭的家中展开。

「延伸：与电影等其他媒介相比，舞台剧因物理空间的限制，更早实践并体现三一律原则。」

尼尔森十大可用性原则（Nielsen's Ten Usability Heuristics）

尼尔森十大可用性原则是由人机交互学专家雅各布·尼尔森于 1995 年提出的，基于对大量可用性问题的研究总结而来。这些原则是评估和提升产品设计，尤其是用户界面（UI）和用户体验（UX）设计的通用指导方针。它们不是具体的设计规则，而是启发式的评估标准，帮助设计师确保产品对用户友好、易于理解和操作。

原则包括：

1. 系统状态的可见性：用户应始终了解系统正在做

什么,通过适当的反馈在合理时间内告知操作状态;

2. 系统与现实世界的匹配:使用用户熟悉的语言和概念,遵循现实世界中的比喻,使界面直观易懂;

3. 用户控制和自由度:提供撤销和退出操作的能力,让用户能从错误中恢复,不会感到被困住;

4. 一致性与标准:界面设计应保持内部一致性,以及与用户预期相符的外部标准;

5. 预防错误:通过设计减少用户犯错的机会,比如使用约束和警告;

6. 识别而非回忆:使信息和操作元素显而易见,减少用户记忆负担;

7. 灵活性与效率:同时支持新手和专家用户,允许快捷方式提高效率;

8. 美观和简约的设计:界面应简洁,不包含不必要的信息或装饰,每增加一个元素都要有明确目的;

9. 帮助用户认识、分析和改正错误:错误信息应清晰、具体且提供解决建议;

10. 帮助文档和辅助性:即使系统应尽量直观,仍需提供容易搜索和理解的帮助文档。

尼尔森的这些原则是在 20 世纪 90 年代互联网快速发展的背景下提出的,最初针对 Web 界面的可用性,但很快因其普遍适用性而被广泛应用于各种数字产品设计中。随着时间的推移，尽管技术环境和设计趋势发生了变化，这些原则依然被认为是用户体验设计的基础框架。

「延伸：在 UX 设计领域，尼尔森的名字与另一位专家唐纳德·诺曼常被一同提及，后者提出了"情感化设计"和"用户中心设计"的理念。」

拓扑优化（Topology Optimization）

拓扑优化是一种先进的设计方法论，应用于工程和产品开发领域，特别是结构工程和机械设计中。该方法利用数学算法和计算机模拟，在满足预定的性能约束条件下，自动探索材料在给定设计空间内的最优布局，以达到减轻重量、增强结构性能或改善其他设计目标的目的。

拓扑优化的特点在于能够自动生成满足多种性能要求（如强度、刚度、振动特性等）的结构形态；材料效率高，着重于减少材料用量，实现轻量化设计，同时保证结构性能；通过反复迭代计算，逐步逼近最优解，每次迭代都会调整设计空间内的材料分布；不仅限于机械结构，还应用于热传导、流体力学等领域的问题解决。

它模糊了自然与人造结构之间的界限,推动着设计创新的边界。随着计算机技术和算法的不断进步,其在未来设计领域的应用潜力巨大。

「延伸:拓扑优化有时会产生出乎意料且具有艺术美感的结构设计,这些设计成果甚至被制成雕塑艺术品,展示了科学与美学的完美结合。」

服务蓝图(Service Blueprint)

服务蓝图是一种详细描绘服务提供过程的可视化工具,它以图形方式展现了服务交互的各个方面,包括顾客行为、前台与后台员工行为、支持过程,以及这些环节之间的关联和交互点。服务蓝图有助于企业深入理解并优化客户体验,确保服务流程的顺畅和高效。起初服务蓝图主要用于提高服务业效率和质量,后来随着服务设计领域的成熟,服务蓝图的应用变得更加广泛和精细化,融入了用户体验设计、客户旅程映射等现代设计理念。

服务蓝图像一张"施工图",详细规划了服务从开始到结束的每一步,不仅包括顾客可见的前台活动,也涵盖了后台支持流程,以及这两者之间的联系机制。顾客行为、前台员工行为、后台员工行为和支持过程,构成了蓝图的核心组成部分。互动分界线区分顾客与前台员工的直接接触；可视分界线标示出顾客能直接感知的服务元素；内部互动线则展示了后台操作及内部团队间的协作。涵盖服务的所有触点和流程，从客户视角出发，识别并改进服务中的每一个细节。促进跨部门沟通，确保服务流程的每一环都得到优化，提升整体服务质量。

「延伸：据说服务蓝图的概念灵感部分来源于舞台剧制作，其中前台表演与后台准备之间的精密配合，与服务交付过程中的前台后台协作呼应。」

移动优先（Mobile First）

移动优先是一种设计和开发策略，其核心思想是在创建网站、应用程序或其他数字产品时，首先考虑并优化移动设备用户的体验，然后再扩展至平板和桌面平台。这一理念反映了当前互联网使用习惯中移动设备占据主导地位的趋势。2010 年，Google 首次提出"移动优先索引"，鼓励网站为移动用户提供更好的体验，这标志着移动优先策略的正式兴起。

移动优先要求开发者和设计师从最小的屏幕尺寸和最有限的硬件资源出发，确保产品在移动设备上的功能完善、界面直观、加载迅速。设计内容和功能精简，确保关键信息和操作一目了然;自动调整布局以适应不同屏幕尺寸,提供一致的用户体验;考虑到移动设备的网络和处理器限制,优化代码和资源加载,加快页面速度;设计适合手指操作的界面元素,如更大的点击区域、滑动手势等。

「延伸:在移动优先概念早期推广时,一些公司通过模拟低速网络环境(如使用 2G 服务)来测试和优化他们的移动应用,确保在任何条件下都能提供良好体验。」

有光

—— 要有光！——

主　　编 | 安　琪
策划编辑 | 白毛毛

营销总监 | 张　延
营销编辑 | 狄洋意　许芸茹　韩彤彤

版权联络 | rights@chihpub.com.cn
品牌合作 | zy@chihpub.com.cn

出品方　至元文化（北京）
CHIH YUAN CULTURE

Room 216, 2nd Floor, Building 1, Yard 31,
Guangqu Road, Chaoyang, Beijing, China